郑州市名镇志文化工程

花园口镇志

郑州市地方史志编纂委员会　主办
郑州市地方史志办公室　编著

中国水利水电出版社
www.waterpub.com.cn
·北京·

图书在版编目（CIP）数据

花园口镇志 / 郑州市地方史志办公室编著. -- 北京：中国水利水电出版社，2022.12
郑州市名镇志文化工程
ISBN 978-7-5226-0198-4

Ⅰ. ①花… Ⅱ. ①郑… Ⅲ. ①乡镇－地方志－郑州 Ⅳ. ①K296.15

中国版本图书馆CIP数据核字(2021)第259909号

审图号：豫郑惠济S〔2021〕001号
选题策划：马爱梅　宋建娜　李慧君
责任编辑：杨春霞

书籍设计：李　菲　田雨秾　龚　煜

	郑州市名镇志文化工程
书　名	花园口镇志
	HUAYUANKOU ZHEN ZHI
作　者	郑州市地方史志办公室　编著
出版发行	中国水利水电出版社
	(北京市海淀区玉渊潭南路1号D座　100038)
	网址：www.waterpub.com.cn
	E-mail: sales@mwr.gov.cn
	电话：(010) 68545888 (营销中心)
经　售	北京科水图书销售有限公司
	电话：(010) 68545874、63202643
	全国各地新华书店和相关出版物销售网点
排　版	北京金五环出版服务有限公司
印　刷	北京天工印刷有限公司
规　格	184mm×260mm　16开本　11.75印张　217千字
版　次	2022年12月第1版　2022年12月第1次印刷
定　价	128.00元

（注：图上行政界线为权宜画法，不作划界依据）

花园口镇概貌　马健 摄

花园口镇俯瞰　马健 摄

郑州黄河湿地省级自然保护区　马健 摄

京广高铁穿境而过　马健 摄

黄河落日余晖　马健 摄

郑州市名镇志、名村志、名街志编纂委员会

主　　任　虎　强

副 主 任　朱　军

委　　员（按姓氏笔画排序）

王丹东　王淑慧　付　赟　冯凌义　刘　宁　李新建

张　超　张　超　郑向阳　赵敏祥　贾　昊　黄卫红

梁豫生　景晓明

主　　编　朱　军

副 主 编　王丹东

编　　委（按姓氏笔画排序）

王东亮　王西林　王佰顺　王海燕　冉　宁　刘　伟

刘　琴　刘华东　李　磊　武丽娜　袁玉强　贾　佳

编　　辑　刘　恒　李　靖　王　丹

学术顾问（按姓氏笔画排序）

丁　昆　王保国　刘　杰　安海蓉　孙英民　李仁清

李运江　李伯谦　张　永　张　霆　张绍宇　杭　侃

郑东军　封曙光　胡惠林　顾　华　徐建勋　阎铁成

韩国河　魏　剑

《花园口镇志》编纂委员会

主　　任　耿宇辉

副 主 任　方　倩　袁玉强

委　　员　陈永军　申照亮　赵建松　李妮妮

　　　　　　徐玲玲　李　静

编　　撰　李瑞玲　王令晖　孙广杰　史朝阳

　　　　　　杨振业　张亚莉　王敬一

摄　　影　马　健　曹清林　李新华　朱广健

序

2022年是党的二十大胜利召开之年，郑州市地方史志办公室（以下简称“市史志办”）坚持以习近平新时代中国特色社会主义思想为指导，深入学习贯彻党的二十大精神，在中国地方志指导小组办公室、中共河南省委党史和地方史志研究室的指导支持下，按照市委全会部署和政府工作报告安排，充分发掘、放大、展示郑州历史文化资源禀赋和特质、气质，扎实落实《郑州兴文化工程文化研究计划实施方案》，以郑州市名镇志、名村志、名街志文化工程和地方史研究为抓手，围绕郑州当代发展研究、郑州文化名人研究、郑州城市文化史研究、郑州重要时期的重大事件研究、郑州重要历史文献典籍研究、郑州重要历史文化遗存研究、郑州红色文化研究开展工作，相继完成了39部乡镇志、街道志和村志的编纂出版工作。市史志办充分发挥存史资政育人职能，积极探索基层志书编纂体制机制创新的有效途径，努力打造精品佳志，推动新时代方志工作高质量发展，主要做法是：

坚持正确导向，突出时代主题。市史志办在乡镇志、街道志、村志编纂中，力求全面、客观反映党史、新中国史、改革开放史、社会主义发展史在郑州的辉煌业绩，记录郑州从一座古老的城市发展成为国家中心城市的历史进程，阐释中华文明、中原文化在郑州这座城市的文明形态起源、嬗变和现代转型历程。聚焦黄河文化、商都文化、黄帝文化、河洛文化、嵩山文化和二七精神等重要的城市文化名片，市史志办组织编纂了管城区《东大街街道志》《西大街街道志》《城东路街道志》，二七区《德化街道志》，金水区《杜岭街道志》，上街区《峡窝镇志》《方顶村志》，巩义市《回郭镇志》《大峪沟镇志》《康店镇志》《河洛镇志》《站街镇志》《小关镇志》《米河镇志》《涉村镇志》《海上桥村志》，新郑市《孟庄镇志》《新建路街道志》，荥阳市《汜水镇志》《王村镇志》，惠济区《古荥镇志》《花园口镇志》，中牟县《雁鸣湖镇志》《黄店镇志》，新密市《刘寨镇志》，登封市《告成镇志》《中岳庙社区志》等基层志书。市史志办尝试从方志学的角度描述、分析这些文化的历史演进，宏大叙事与微观剖析并重，讲述方志故事，凝聚城市精神，发现并彰显这些深藏在街道社区、乡村田野里的城市文化根脉。

坚持质量标准，规范编纂流程。我们认真贯彻落实《郑州市地方志工作规定》要求，明确各级地方志工作机构与编纂单位分工负责，针对每部志稿都成立了专门编纂机构，专班推进，形成了一级抓一级、层层抓落实，踏石留印、抓铁有痕的工作格局。遵循地方史志工作的基本原则，把质量视作名镇名街名村志编纂的生命线，对每部志书严把政治观、史实关、体例关、文字关、出版关和印刷关。为提高编纂专业水平，市史志办邀请中国地方志指导小组办公室、中共河南省委党史和地方史志研究室指导工作，并与国内知名高校合作，采取集中培训、案例教学等形式，面向修志业务人员，结合实际答疑解惑，较好地统一了修志原则和基本规范。同时，市史志办与中国水利水电出版社紧密协作，按照中国名镇志、名村志文化工程的质量标准，开展全方位深度合作，搭建专业服务平台，合力推进精品工程建设。

拓展方志视野，创新编纂方式。市史志办积极适应进入“读图时代”的现代读者需求，在锤炼文字表达的同时，特别突出了“图像存史”的作用。市史志办与河南省美术家协会合作，组织一批在省内乃至全国有影响的优秀画家，深入基层开展采风创作，用画笔描绘郑州美丽乡村和城市现代街区风貌。市史志办要求编纂单位注意对优秀美术作品的资料收集，如巩义籍著名画家陈天然、徐小龙等长年扎根农村基层，创作出一批表现浓郁乡土风情的优秀美术作品，许多作品收入相关志书，成为熠熠生辉的亮点。中共郑州市委宣传部外宣办，河南日报新闻图片有限公司，郑州日报社及市、区县（市）摄影家协会等单位和许多优秀、敬业的摄影家，为市史志办提供、创作了大批精彩的摄影作品，与志书篇章结构和语言文字同步配合，形成了一个全新的图像叙事语言体系。这已不是简单的配图、插图、图文并茂，而是把图像证史、存史放在了编纂方式创新的维度上来考量其价值与意义。

提高学术品质，丰富志书内涵。市史志办借鉴人文地理学和社会学的调查研究方法，在中原区委、区政府的支持下，组织编纂了该区《西流湖街道志》《中原西路街道志》《桐柏路街道志》《三官庙街道志》《棉纺路街道志》《绿东村街道志》《林山寨街道志》《汝河路街道志》《航海西路街道志》《须水街道志》《秦岭路街道志》《建设路街道志》12部街道志，对一个行政建置区域的政治、经济、文化、社会、生态建设状况，特别对自中华人民共和国成立以来各个历史时期的发展做了全方位的较完整记述。这些街道志组成了一个美丽的“方志拼图”，从中可以清晰地看到中原区从一个传统的城郊农业区，在中华人民共和国成立初期形成郑州市的市级行政中心、文化中心和现代工业区，改革开放以来经过国企改革的华丽“蝶变”转型升级为现代化宜居宜业新城区的时空轨迹。市史志办与郑州大学建筑学院合作，开展传统村落与民居保护和城市街区建筑文化专项调查，形成了一批研究成果并在编纂中予以重点展示。郑州市是中华文明探源工程、夏商周断代工程等考古研究的重点区域，拥有世界文化遗产登封“天地之中”历史建筑群和诸多国家重点文物保护单位，各类历史文化遗迹俯拾即是。在文物部门的大力支持下，市史志办在相关志书编纂中，注意收录考古最新发现及研究成果，以丰富志书编纂的文化内涵。

坚持统筹规划，分层扎实推进。市史志办坚持依法治志的基本原则，依法推进各项编纂组织管理工作。一是建章立制，科学管理。结合编纂实际，理顺管理体制和运行机制，明确了市、县、乡、村在志书编纂中的各级权责，分级负责与属地管理有机结合，最大限度地形成合力、统筹推进。市史志办把这项工作作为一项硬任务，年初及时向市委市政府报告列入年度工作计划、财政预算，并与各区县（市）协商制订工作计划，按节点有序推进。二是统一规划，明确目标。市史志办要求各区县（市）本着精品至上、宁缺毋滥的原则确定选题规划，突出“名”和“特”，建立编纂项目库，集中力量，抓出精品，锻炼队伍，探索经验。三是分类指导，有的放矢。根据各区县（市）申报的选题计划，市史志办进行实地考察和逐一分析，建立选题库。在整体过程中，实施有效的分类管理，进度服从质量，不搞“一刀切”，因地制宜，精准发力，推动这项工作积极稳妥、健康有序开展。四是重点突破，严把关口。市史志办以出版为时间节点，倒排工期，提出每部志书要认真把好四个关口：首先，每部志书的承编单位要严格按照既定的编纂体例完成初稿，做到篇目完整、材料充分。其次，各区县（市）史志工作机构要组织相关部门召开评审会，重点把好政治关、史实关，确保在民族、宗教、保密等重大问题上不出偏差，在内容材料上客观真实、准确无误。第三，由市史志办协同组织出版社、承编单位和专家学者，对稿件进行集中修改审定，群策群力，解决每部志书在内容、体例、语言等方面存在的问题，基本完成定稿。第四，出版社按照所签订的合作协议，编辑出版关口前移，签订协议后，提前介入每部志书的具体编纂指导、审定等工作，确保出版进度和质量。

坚持深入调研，解决实际问题。在地方志事业转型升级创新发展的进程中，转变思想观念、转变发展方式是全面的、深层次的变革。在推进郑州市名镇志、名村志、名街志文化工程工作中，市史志办深感地方志工作“一纳入、八到位”不能仅停留在一般性的“纳入”和“到位”上，应该以问题为导向，深入调查研究，切实解决党委政府重视支持、人力财力保障等基层反映强烈的实际问题。一是积极争取各级党委政府支持。名镇志、名街志、名村志的编纂主体是市县乡各级党委政府及其地方史志管理工作机构，是“官修”而非私修。因此，编纂名镇志、名街志、名村志是在各级党委政府领导和支持下，由各级地方史志工作机构负责牵头组织开展的。市史志办在调研中深刻体会到，名镇志、名街志、名村志的编纂过程既是一个部门的业务推进，也是向各级党委政府汇报地方史志工作转型升级创新发展的形势任务和争取更大支持、解决实际问题的工作契机。二是切实解决好钱从哪里来。郑州市名镇志、名村志、名街志文化工程是郑州市组织推进的一项重点文化项目，市史志办明确不向乡镇村基层摊派经费增加负担，按照财政分级管理的原则，积极向市政府和财政部门争取项目专项资金，解决编纂出版印刷等各项工作中的费用。各区县（市）负责组织编纂志书初稿的费用，经郑州市地方史志办公室审定、出版社认可达到编辑出版要求，之后的费用由郑州市地方史志办公室负责申请市财政审核拨付。对名镇志、名街志、名村志编纂出版试行项目化资金管理，明确资金来源，严格预算管理，有助于形成一级抓一级、层层抓落实的长效工作机制。三是形成合力众手成志。将名镇志、名街志、名村志打造成为堪存堪鉴的精品志书，仅靠现有的史志工作机构是难以实现的。目前，我们面临的困难是多方面的，既有青黄不接、人才短缺，也有研究不足、经验匮乏。一些社会力量参与到基层志书、年鉴的编纂工作中，存在着政治站位不高、政策把握不准、水平参差不齐等问题。但是，市史志办在调研中也看到，社会各界对参与编修名镇志、名街志、名村志有较高的积极性、主动性，许多基层村镇、街道表示愿意借助这项工作打造文化品牌，推动当地经济社会发展。因此，在今后编纂工作中，要坚持从凝聚共识入手，着力形成团结一致、高效运转的强大合力，构建优势互补、复合型、专业化的新型协作体系。

以上是市史志办在郑州市名镇志、名村志、名街志文化工程中的一些尝试，不足之处敬请批评指正，以便在今后工作中认真加以改进。

郑州市地方史志办公室

2022 年 11 月

凡 例

一、指导思想　以马克思列宁主义、毛泽东思想、邓小平理论、“三个代表”重要思想、科学发展观、习近平新时代中国特色社会主义思想为指导，坚持辩证唯物主义和历史唯物主义的立场、观点和方法，存真求实，全面、客观、系统记述中国名镇城镇化进程和改革开放成果，传承和抢救乡土历史文化，激发爱国爱乡情怀，留住乡愁，为探索中国特色新型城镇化建设、服务乡村振兴战略提供历史智慧和现实借鉴。

二、质量要求　参照中国地方志指导小组印发的《地方志书质量规定》执行。在坚持志体的前提下，体裁运用、篇目设置、资料选择等作适当创新。内容以记载镇域范围内的微观资料为主，详市县志之所略。根据不同类型名镇的特点，记述域内自然、政治、经济、文化、社会的历史与现状，重在突出当地“名”与“特”的内涵，从而达到执简驭繁、文约事丰、易于阅读、利于普及的目的。

三、时间断限　为全面反映入志事物发展脉络，各志上限追溯至事物发端，下限一般断至各镇志启动编修年份，个别重大事项可延至搁笔。详今明古，着重反映时代特色和地方特点，重点体现各镇的“名”与“特”。

四、记述范围　记述地域范围以下限年份的行政辖区为主。为体现名镇在更大区域内的意义，可以从更开阔的区域视野记述与该镇相关的内容。

五、总体结构　统一采用纲目体，设类目、分目、条目三个层次。横排门类，纵述史实。所设类目除《中国名镇志丛书基本篇目》要求的必设内容外，个别事项根据本镇实际情况适当作升格或降格处理。

六、体裁形式　综合运用述、记、志、传、图、表、录等各种体裁，以志体为主。体裁运用适当创新，篇目设置不求面面俱到，一般意义上的乡镇级内容可简略记述。

七、语言文体　除引用文字和附录文献资料外，统一使用规范的现代语体文记述，行文力求朴实、严谨、简洁、流畅，具有较强可读性。

概述

LOCAL RECORDS OF HUAYUANKOU

花园口镇位于郑州市惠济区东北部，北依黄河，南界贾鲁河，沿黄河大堤呈带状分布。郑新黄河大桥、郑州黄河公路大桥横跨黄河，京广高铁穿境而过，S312省道、北四环贯通东西，花园路、中州大道飞架南北，形成了四通八达的交通网络。辖区总面积47.56平方千米，辖8个行政村和1个社区，29个自然村，常住人口4.6万余人，是河南省经济发达镇、河南省文明村镇、河南省卫生乡镇。

花园口镇全景　马健 摄

四通八达的交通网络　马健 摄

一

历史底蕴深厚，文化遗产璀璨。花园口镇位于郑州黄河南岸，是黄河文明与大运河文化集聚交织的历史名镇。605年，隋炀帝开凿通济渠，奠定了中国大运河发展格局。唐承隋制，依托运河水网，连接丝绸之路和海上丝绸之路。北宋时期，花园口是漕运网络的重要节点。元代以后，花园口成为郑州连接黄河南北两岸的渡口之一，发挥着交通枢纽的重要作用。隋唐大运河通济渠郑州索须河段在花园口境内，全长7.9千米，由惠济区新城街道常庄村入花园口镇花园口村。2014年6月22日，中国大运河文化遗产项目成功入选世界遗产名录。

中国大运河碑 李新华 摄

1938年5月下旬，日军由徐州沿陇海铁路大举西犯，蒋介石为掩护国民党军队败退，阻止日军追击，

隋唐大运河通济渠郑州索须河 马健 摄

历史照片——
流离失所的灾民
花园口镇政府供图

于6月9日在花园口炸开黄河大堤，使豫、苏、皖三省44县600多万人遭灾，89万多人丧失了生命。在这次大灾难中，花园口首当其冲，受害尤为惨重，4个村子被洪水冲得无影无踪，洪水过后，幸存群众无家可归，流离失所，在死亡线上挣扎。

黄河文化与运河文化在花园口镇留下了重要的历史印记。现存有世界遗产中国大运河通济渠郑州·花园口段、省级文保单位黄河花园口掘堤扒口处。中华人民共和国成立后，花园口镇先后建设有黄河花园口旅游区、黄河博物馆等重要文化旅游设施。党的十八大以来，围绕黄河文化、大运河文化保护传承利用，加快建设郑州黄河国家湿地公园，花园口镇积极推动文化遗产保护传承，举办民间艺术节，在辖区中小学开设非物质文化遗产蛋雕、花园口剪纸等特色课程，努力打造展示中华文明、彰显文化自信的靓丽名片。

二

1928年，郑汴河堤公路修成，自开封沿黄河大堤至六堡下堤，过京水镇（现花园口境）直达郑县北关，京水逐渐繁荣，有东西南北大街、二爷庙街、乡寓街、大王庙街等街道，街市整齐，粮行、药店、百杂、布匹商号林立，以小吃、蔬菜为中心的集贸市场形成。抗日战争时期，京水渡口成为河南河北货运的重要码头，商店、盐号鳞次栉比，客商络绎不绝。1938年，花园口掘堤扒口，花园口镇属黄河故道首端，成为水洼、沙丘、盐碱次生的不毛之地。

实施引黄灌溉，成就鱼米之乡。1955年，开始筹备在花园口建闸引黄灌溉、放淤改土。

同年10月，完成花园口灌区勘测设计；12月，郑州郊区花园口灌区引黄闸动工；1956年6月竣工。该闸位于花园口村黄河大堤上，包括闸（3孔）、干渠及围堤等主体工程，是郑州市最早兴建的引黄灌溉工程。1956年3月第二期续建工程动工，年底竣工。1957年3月第三期扩建配套工程动工，6月竣工，完成了灌区改建和配套工程。到1961年年底，累计引水流量8.52亿立方米，灌溉面积53.9万亩。1964年5月，花园口开始引黄进行稻改示范，试种水稻1041亩，当年平均亩产515斤，为郑州市引黄灌溉推广稻改创出了新路子。到1990年年底，该灌区工程配套日趋完善，灌溉面积15万余亩，水稻面积13.5万亩，水产净养水面2万亩，昔日不毛之地变成了鱼米之乡。

1972年6月郑州郊区花园口人民公社的社员正在插秧老照片 张世勋 摄 河南日报资料图片

水稻丰收的喜悦老照片
花园口镇政府供图

郑州花园口辖区小麦丰收老照片
河南日报资料图片

郑州郊区花园口人民公社的社员在收打水稻老照片
河南日报资料图片

1972 年，农民收割打稻的热闹场面老照片　花园口镇政府供图

进入 21 世纪，花园口镇依托黄河滩地，优化调整种植结构，大力发展生态农业、规模化种植业和旅游业，建设休闲驿站，打造“自然风光 + 黄河文化 + 慢生活”的沿黄生态廊道，让花园口镇成为慢生活、微度假理想目的地。2020 年，花园口镇地区生产总值完成 24.26 亿元，财政收入 3.32 亿元，固定资产投资 30.5 亿元，农村居民人均可支配收入达到 28286 元。

八堡村现代化农业　马健 摄

三

中华人民共和国成立以来，花园口镇在中国共产党的领导下，团结带领辖区人民，自力更生、奋发图强，实现了人民生活从温饱不足到总体小康、奔向全面小康的历史性跨越。党的十八大以来，花园口镇以习近平新时代中国特色社会主义思想为指引，坚持加强党的全面领导，统筹推进“五位一体”总体布局，协调推进“四个全面”战略布局，践行以人民为中心的发展理念，着力解决人民群众“急难愁盼”问题，推动人的全面发展、全体人民共同富裕。

完善基础设施，打造美丽乡村。“十三五”期间，花园口镇大力实施乡村振兴战略，打造安谐园、迎宾园、南月堤小游园、京广高铁公园等游园设施，修建道路、管网等基础设施，建成22座公共厕所，规划2000余个停车位，居民生活生产条件大幅改善。2012年4月，花园口镇启动京水、大庙、祥云寺村合村并城项目。2018年7月，一期安置区2240套安置房全部分配完毕。花园口村、南月堤村、八堡村、申庄村、石桥村5个沿黄村庄，作为郑州市美丽乡村示范村进行打造。

扩大生态优势，推进绿色发展。花园口镇积极推动黄河流域生态保护和高质量发展核心示范区起步区建设，坚持生态优先，扎实开展黄河滩区整治、贾鲁河综合治理、黄河湿地保护修复、京广高铁沿线绿化等工作，实施防浪林、绿色通道、退耕还林、平原林网达标、生态廊道等一系列重点生态工程。截至2020年，植树造林23064亩，森林覆盖率达到38%以上。

提升治理水平，增进民生福祉。花园口镇推进人居环境整治工作，修建乡村道路17条、污水处理设施9座，常态化开展卫生死角整治、街头乱象治理、私搭乱建拆除等工作，实现镇域保洁全覆盖。全镇建设村文化站8处，新建公办幼儿园3所，完成花园口镇卫生院升级改造工程。每年为辖区优秀高考考生发放补助，免费为辖区60岁以上老人体检。开展平安建设专项治理，联合公安、巡防、安全等部门进行常态化集中检查行动，维护辖区安全稳定。

展望未来，花园口镇将深入贯彻习近平总书记视察河南、郑州时的重要讲话精神，坚持新发展理念，坚持以人民至上为统领，紧抓黄河流域生态保护和高质量发展核心示范区起步区建设重大机遇，围绕郑州建设国家中心城市总体布局和定位，奋勇争先，更加出彩，把花园口建设成为高质量发展和产城文旅深度融合高地、幸福宜居的美好家园。

黄河滩区景观　马健 摄

贾鲁河索须河交汇处　马健 摄

基本镇情

花园口镇北依黄河，南界贾鲁河，索须河纵贯中部，东西狭长，东临金水区兴达路街道，西接惠济区新城街道和迎宾路街道。辖区面积47.56平方千米，东西长约20千米，南北平均宽约2.5千米，有8个行政村和1个社区，29个自然村，92个村民组，7240户，46230人，党员1404人。

建置区划

镇名由来

花园口镇，以郑州黄河渡口得名。据记载，宋代曾于此地建闸治水，河工员司，遂营居造室，渐成村落，名为桂家庄。明朝有天官许某在其地修葺花园一座，方圆五顷四十亩，种植四季花木，终年盛开不谢，远近男女，争往游览，嗣船渡频繁，花园口之名，遂闻于世。

1969 年 10 月，郑州市郊区革命委员会批准成立花园口人民公社。1983 年 4 月，花园口人民公社改为花园口乡。1998 年，花园口乡改为花园口镇，沿用至今。

曾经的黄河花园口渡口老照片　花园口镇政府供图

建置沿革

明嘉靖时期，辖区属京水堡，在郑州北三十五里。

清康熙时期，辖区属花园砦、京水砦，在郑州北部。

清乾隆时期，辖区属花园砦、京水砦，在郑州北部。花园砦被黄河淹没。

1913 年，郑州改为郑县，辖区属郑县定安区和宣平区，定安区设京水镇。

1916 年，郑县定安区分八段，辖区区域属二、三、四、七段管辖。大庙、西黄刘、弓庄、金洼属二段；京水、邵桥、胡屯、崔庄、汪家堤、许堂、桂家庄、南月堤、兰庄、王刘庄、化庄、赵郭庄、马庄、范庄、张庄、李拐、邵庄属三段；于庄、申庄、赵桥、龙王庙、桥口、张庄、王楼、中刘庄属四段；祥云寺、东岗、大小刘庄、七堡、八堡、田河、八里庄属七段。石桥以东部分属宣平区管辖。

1931 年，定安区改名柳林区，宣平区改为祭城区，区下设联保，辖区西半部属柳林区，东半部属祭城区。

1944 年，辖区属柳林区，后改为柳林乡。

1948 年 10 月，郑县解放，郑县划分为郑州市和郑县。本地区属郑县管辖。

1953 年 2 月，郑县属郑州市，将郑县改为郑州郊区。郊区共辖 8 个区，本地西部属二区（柳林区），东部属三区（祭城区）。

1954 年 2 月，郊区由 8 个区合并为 5 个区，辖区属祭城区。

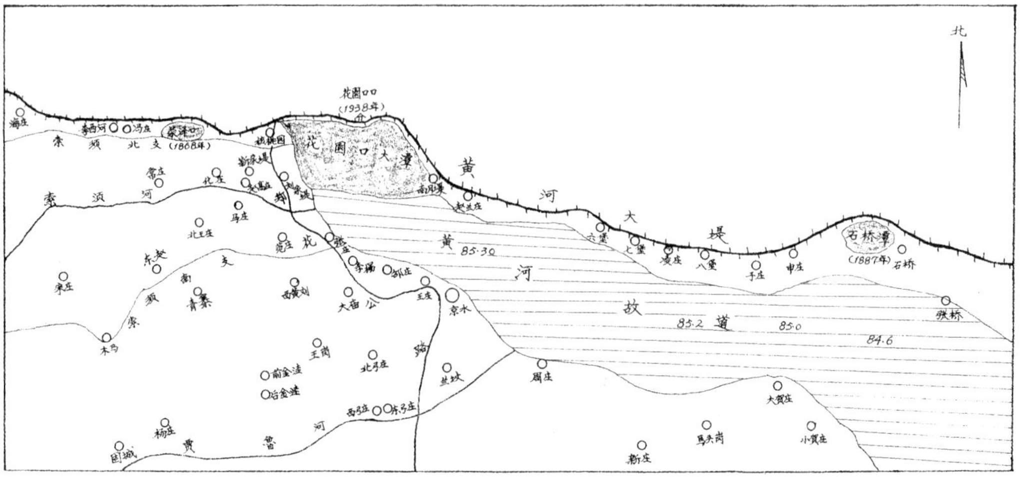

1949 年，花园口地区示意图　花园口镇政府供图

1955年9月，郊区撤区建乡，5个区分为55个乡，辖区属马庄乡、西黄刘乡、大京水乡、大庙乡、八堡乡。

1956年10月，郊区又将55个乡合并为23个乡，辖区属大京水乡。

1958年8月，郊区实行政社合一，将23个乡合并为东郊、西郊、南郊、北郊（老鸦陈）、古荥5个人民公社，辖区属北郊（老鸦陈人民公社），时曾更名为新兴村人民公社。

1961年5月，郊区恢复祭城、十八里河、须水、古荥、新兴（老鸦陈）5个区，下设38个人民公社，本地区属新兴区大庙人民公社（时称大庙菜场）。

1963年2月，郊区把38个人民公社合并为9个人民公社，辖区除常庄村属老鸦陈人民公社、石桥村属祭城人民公社外，其他村属柳林人民公社。

1969年10月，花园口人民公社成立，由柳林人民公社的弓庄、金洼、西黄刘、马庄、京水、大庙、花园口、八堡和祭城人民公社的小金庄、黄庄、马渡、石桥及老鸦陈公社的常庄共13个大队组成。

1972年，经批准，花园口人民公社对外开放。花园口是1938年国民党军扒开黄河大堤的地方。中华人民共和国成立后淤地造田，引黄稻改，彻底改变了原黄泛区贫穷落后面貌，开放以来参观者络绎不绝，外宾遍及五大洲。

1976年1月，花园口人民公社东部的黄庄、马渡、任庄、小金庄、黄岗庙等地属姚桥公社（现为金水区兴达路街道）。

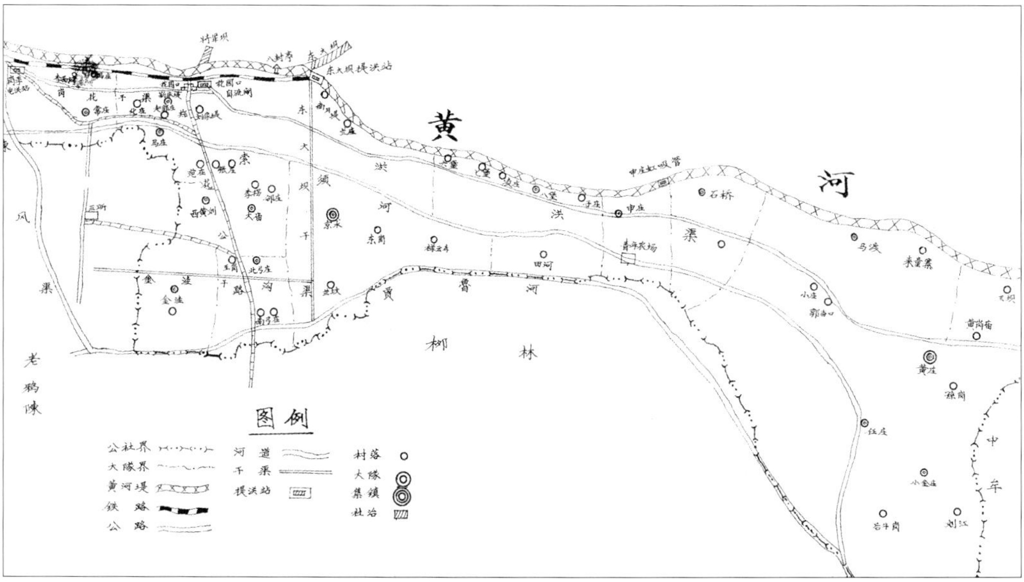

1969年，花园口人民公社示意图　花园口镇政府供图

罗马尼亚好友参观团在郑州花园口参观老照片
惠金河务局供图

1975 年 7 月，郑州市郊区花园口人民公社居民区老照片　张世勋 摄　河南日报资料图片

1983 年 4 月，花园口人民公社改为花园口乡，辖 13 个行政村：石桥村、申庄村、八堡村、祥云寺村、南月堤村、京水村、大庙村、西黄刘村、弓庄村、金洼村、马庄村、花园口村、常庄村。

1984 年，李西河从常庄村划出，成立行政村。

1987 年 3 月，郊区撤销，成立邙山区，花园口乡属邙山区。

1996 年 3 月，花园口乡政府所在地由花园口村迁至西黄刘村。

1998 年 3 月，撤乡建镇，花园口乡改为花园口镇。

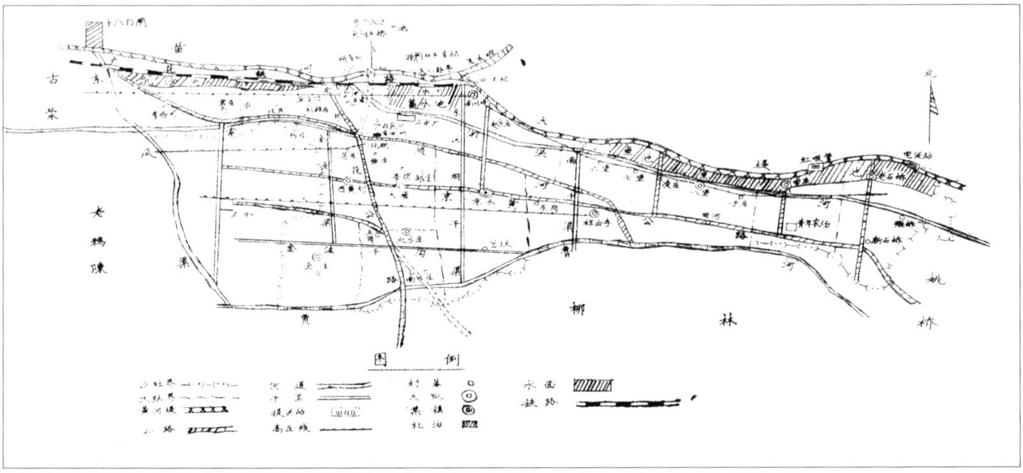

1985 年，花园口乡示意图　花园口镇政府供图

2003年5月，区划调整，西黄刘、马庄、弓庄、金洼4个行政村属迎宾路街道办事处，花园口镇辖10个行政村。

2004年2月，花园口镇的常庄、李西河属新城街道办事处，花园口镇辖8个行政村。

2004年5月，邙山区改名惠济区，邙山区花园口镇改为惠济区花园口镇。

2021年7月，花园口镇河畔社区成立。

所辖村（村庄社区）

花园口村 花园口村位于惠济区花园口镇人民政府北3千米处。辖核桃园、刘家堤、靳家堤、赵高庄、化庄、新村6个自然村，10个村民组，1268户，12001人，党员164人。主要姓氏有靳、邵、刘、李、朱、马、陈、张、杨等。

大庙村 大庙村位于惠济区花园口镇人民政府东1.5千米处。辖大庙、李拐、大张庄、邵庄、薛庄和小张庄6个自然村，17个村民组，1237户，4810人，党员209人。主要姓氏有张、邵、李、朱、靳、徐、薛、董等。

花园口村 马健 摄

大庙村 马健 摄

京水村 京水村位于惠济区花园口镇人民政府东 3.5 千米处。辖京水、兰玟、王庄 3 个自然村，37 个村民组，1606 户，7419 人，党员 371 人。主要姓氏有赵、张、马、兰、李、王、沙、宋、孟、海、田等。

南月堤村 南月堤村位于惠济区花园口镇人民政府东北 4.5 千米处。辖赵兰庄和南月堤 2 个自然村，8 个村民组，483 户，3149 人，党员 104 人。主要姓氏有赵、兰、王、崔、史、田等。

祥云寺村 祥云寺村位于惠济区花园口镇人民政府东南 7 千米处。辖祥云寺、东岗 2 个自然村，2 个村民组，210 户，1069 人，党员 47 人。主要姓氏有田、李、张等。

八堡村 八堡村位于惠济区花园口镇人民政府东 10 千米处。辖六堡、七堡、八堡、田河、凌庄和于庄 6 个自然村，9 个村民组，801 户，9580 人，党员 127 人。主要姓氏有王、李、马、谷、张、翟、赵、刘、袁、徐等。

京水村　马健 摄

南月堤村　马健 摄

祥云寺村　马健 摄

八堡村　马健 摄

申庄村　申庄村位于惠济区花园口镇人民政府东 14 千米处。1 个自然村，3 个村民组，307 户，1780 人，党员 86 人。主要姓氏有申、张、薛等。

石桥村　石桥村位于惠济区花园口镇人民政府东 16 千米处。辖石桥、张桥和新石桥 3 个自然村，6 个村民组，472 户，3822 人，党员 106 人。主要姓氏有王、李、张、刘等。

申庄村　马健 摄

石桥村　马健 摄

河畔社区　河畔社区位于惠济区花园口镇人民政府东南 2.1 千米处，辖甲六院（公寓）、甲六院（别墅）、建业尚悦居、建业尚悦广场、建业河畔洋房、迎宾苑 6 个小区（楼院），856 户，2600 人，党员 11 人。党群服务中心设在建业尚悦居小区内，总面积 1476 平方米。

自然环境

地理位置

花园口镇位于郑州市惠济区东北部，毗邻黄河南岸，镇域地理范围是东经113°38′41″ ~ 113°47′26″，北纬34°51′12″ ~ 34°55′09″，由西到东沿黄河大堤呈带状分布，总面积47.56平方千米，东西长约20千米，南北平均宽约2.5千米。

地　形

花园口镇处于黄河冲积扇的顶端，地势西部高，东部低，起伏不大，地表平坦。辖区由西到东，海拔在84 ~ 82米，平均坡降1/2000 ~ 1/4000，为平坦的黄河平原，属堆积平原的黄河冲积扇形平原区。

花园口镇辖区地貌　马健 摄

气候

花园口镇属于北温带半干旱季风型大陆性气候，受地形、纬度、大气环流等因素影响，四季分明，常年平均气温 14.2℃。冬春季节受西北气流控制，西北风偏多，雨雪偏少，气候干冷，气温一般在 -10 ~ 10℃之间。7 月最热，月平均气温 27.3℃。年平均日照 2385.5 小时。冬、春两季西北风和东北风偏多，夏、秋两季东南风或偏南风偏多。每年 11 月 1 日左右开始降白霜，终止日为次年 4 月 1 日前后，多年平均有霜期为 150 天，最长 179 天，最短 116 天。平均每年土壤表面冻结日为 12 月 9 日（最早日是 1979 年 11 月 13 日），解冻日为 2 月 23 日（最晚日是 1970 年 3 月 22 日），多年平均冻土日数为 81 天。多年平均年降水量为 636.7 毫米，其特点是：降水年际变率较大，年内分布不均。全年降水多集中在 6—9 月，平均为 415.2 毫米，占年降水量的 65.2%，其中每年以 7 月最多，多年平均月降水量为 140 ~ 160 毫米。

春——黄河滩荻花 马健 摄

秋——黄河滩区林带秋色　马健 摄

河　流

黄　河　沿花园口镇北端流过，流经花园口村、南月堤村、八堡村、申庄村、石桥村，由石桥村东入金水区，境内长度 14.22 千米。黄河冲出崇山峻岭进入华北大平原，河床由狭窄变宽阔，水势减缓，所携泥沙逐渐沉淀淤积，使河床高出南岸地面，形成“悬河”，造成郑州历史上多次泛滥成灾。据花园口水文站实测，黄河特大洪峰为 2.23 万立方米每秒（1958 年 7 月 17 日），次大洪峰为 1.53 万立方米每秒（1982 年 8 月 2 日），最小流量 16 立方米每秒（1981 年 6 月 7 日），正常流量为 200 ~ 800 立方米每秒（1996 年）。黄河为郑州提供大量水源。

贾鲁河　属于淮河水系，古称汴河、京水，是花园口镇境内除黄河外最大的一条河流，全长 255.8 千米，发源于新密市，后入淮河。在花园口镇域内流经京水村、祥云寺村、八堡村，境内长度 6 千米。贾鲁河以往水量充沛，为南北漕运干线，古时可通舟楫，据原郑州市郊区历史洪水痕迹调查，特大洪峰曾达 3590 立方米每秒 (1935 年），次大洪峰 1680 立方米每秒 (1906 年）。

黄河落日　马健 摄

贾鲁河之一　马健 摄

贾鲁河之二 马健 摄

索须河 属于淮河水系，索须河上游的索河发源于荥阳西南山区崔庙镇，须河发源于荥阳市贾峪镇，两河汇合后称索须河，流经花园口镇的花园口村、南月堤村、八堡村、祥云寺村，在祥云寺村折向南入贾鲁河，境内长度 7.9 千米。

1975 年，祥云寺村北索须河改道工程老照片 花园口镇政府供图

土　壤

花园口镇土壤可分为潮土、两合土、沙土。

潮土主要分布在花园口镇黄河大堤以南花园口村、南月堤村、八堡村、石桥村、申庄村、京水村、大庙村、祥云寺等村，由黄河沉积物受地下水运动和耕作活动影响而形成，土壤腐殖积累过程较弱，具有腐殖质层（耕作层）、氧化还原层及母质层等剖面层次，沉积层理明显。

两合土主要分布在黄河大堤以北滩区高滩区域，这种土壤土质松散，通气透水，不黏不硬，宜于耕作，但保肥、保水力较差。

沙土主要分布在黄河滩区中滩及浅滩区域，含沙量可达 85% 以上，而细土量占比不足 15%，可明显看到各种大小的沙粒，沙土通气透水，土温上升快，但保肥力差，易受干旱，本身养分少。

物　产

农作物　水稻、小麦、大麦、黄豆、绿豆、玉米、高粱、黑豆、红豆、扁豆、豇豆、豌豆、红薯、芝麻、花生、油菜、向日葵、棉花、大葱、韭菜、姜、蒜、洋葱、白菜、白萝卜、红萝卜、茼蒿、苦苣、莲藕、茄子、黄瓜、南瓜、西红柿、菠菜、香菜、生菜、油麦菜、黄花菜、大头菜、芥菜、芹菜、爬豆、花菜、荆芥、土豆、豆角、冬瓜、辣椒、西葫芦、苦瓜、丝瓜、洋姜、秋葵等。

水稻　马健 摄

黄豆　马健 摄

小米　马健 摄

苹果 马健 摄

江鸥 马健 摄

瓜果类 西瓜、甜瓜、苹果、桃子、李子、梨、杏、葡萄、石榴、枣、无花果、核桃、柿子、甘蔗等。

禽 类 大雁、喜鹊、乌鸦、啄木鸟、麻雀、燕子、黄莺、杜鹃、布谷鸟、黄雀、山鸡、猫头鹰、雕、野鸡、野鸭、天鹅、孔雀、赤麻鸭、江鸥、白鹭等。

鱼 类 鲤鱼、鲫鱼、青鱼、鲶鱼、鲢鱼、草鱼、黑鱼、黄鳝、鲈鱼、泥鳅等。

昆虫类 蝴蝶、蜜蜂、蝗虫、蚊、蝇、蝉、蚱蜢、蜻蜓、蟋蟀、螳螂、金龟子、瓢虫、蚂蚁等。

树木类 玉兰、合欢、法桐、杨树、柳树、槐树、桐树、松树、柏树、枸桃树、杏树、桃树、梨树、石榴树、核桃树、芙蓉树等。

花卉类 牡丹、月季、菊花、杜鹃、烧饼花、向日葵、海棠、玉兰花、刺玫、仙人掌、吊兰、文竹、百日红、鸡冠花、迎春花、水仙、牵牛花、君子兰、蝴蝶花、美人蕉、太阳花、郁金香、梅花、风信子、蝴蝶兰、百合、睡莲、康乃馨、绣球花等。

人口民族

人口总量

1969 年 10 月，花园口人民公社成立，总户数为 4885 户，24908 人，其中男性 12507 人，女性 12401 人。

1982 年，全国第三次人口普查，总户数为 4947 户，24846 人，其中男性 12044 人，女性 12802 人。

1990 年，全国第四次人口普查，总户数为 5212 户，22919 人，其中男性 11093 人，女性 11826 人。

2000 年，全国第五次人口普查，总户数为 7514 户，26085 人，其中男性 12617 人，女性 13468 人。

2010 年，全国第六次人口普查，总户数为 5421 户，21259 人，其中男性 10845 人，女性 10414 人。

2020 年，全国第七次人口普查，总户数为 6384 户，27488 人，其中男性 13404 人，女性 14084 人。

民族构成

花园口镇居民主要民族为汉族和回族。截至目前，辖区总人口 27488 人，其中，汉族人口 25836 人，占总人口的 93.99%；回族人口 1611 人，占总人口的 5.86%；蒙古族 10 人、彝族 6 人、壮族 4 人、布依族 2 人、朝鲜族 6 人、满族 13 人，占总人口的 0.15%。

姓氏组成

主要姓氏有靳、邵、刘、李、朱、马、陈、张、杨、徐、薛、董、赵、兰、王、沙、宋、孟、海、田、崔、史、谷、翟、袁、申等。

社会发展

科技科普

1969 年，成立花园口农技站；1984 年，该农技站转隶至郑州市郊区稻麦区农技服务中心站，后更名为郑州市邙山区水稻中心站，工作人员有高级农艺师 2 名，农艺师 1 名，助理农艺师 1 名。该站自成立以来，选育水稻新品种多次获得河南省科技成果奖，其中“花粳二号”水稻获国家农牧渔业部良种优质米奖杯，实验水稻新品种累计百个，为河南省水稻新品更新换代及新品种审定提供科学依据。

20世纪80年代，花园口地区的科普活动主要为农技科普，推广有初级配方施肥、水稻稀播壮秧、免耕条播等先进生产技术。1989年，花园口石桥村进行综合养鱼实验，推动鱼、林果、畜牧业综合发展。1990年后，花园口乡以科技兴农为重点，配科技副乡长，建立乡科协，把郑州市“6122”工程中24项优惠政策落实到辖区内各企业技术创新单位，为辖区企业持续以科技促发展创设良好环境和条件。进入21世纪，花园口镇科普活动更加广泛，采取培训班、科技活动周、科技下乡和宣传活动等教育手段，面向辖区群众开展科技教育、政策法规、卫生健康、食品药品安全生产、国家安全等科普活动，形成人人学科学、信科学、用科学的良好氛围；加大科技创新力度，引进高新技术企业2个，并大力发展科学文化教育，重视人才培养，鼓励辖区青少年参加科技创新大赛，取得优异成绩。

花园口镇1983—1990年科技成果统计

1983年，“水稻新品种——花粳二号”获得河南省科技成果二等奖、郑州市科技成果一等奖。

1983年，“水稻病虫害综合防治”获得河南省农科院科技二等奖。

1984年，“稻纵卷叶螟的防治”获得河南省科技成果二等奖。

1984年，“稻茬麦免耕栽培技术”获得河南省农牧厅成果四等奖。

1985年，“水稻新品种——花粳二号”获得河南省第一届优质米评比第一名，同年被评为国家优质米。

1988年，“小麦稻田套种技术研究与推广”获得郑州市科技成果三等奖。

1990年，“沿黄稻茬小麦生产微机决策系统”获得郑州市科技成果二等奖。

农技站科研人员在水稻试验田指导农业生产老照片
花园口镇政府供图

农技站科研人员研究培育新品种老照片
花园口镇政府供图

1966年，春水稻实验小组研究水稻栽培技术老照片　花园口镇政府供图

花园口人民公社大队干部和老农在调研水稻的生长情况老照片　河南日报资料图片

1978年，水稻科研小组老照片　新华社朱广智 摄

1990年，“沿黄优质水稻高产开发研究与综合技术推广”获得郑州市科技成果三等奖。

1990年，“小麦三情调查分析应用研究”获得郑州市科技成果二等奖。

学校教育

1907年，京阳初等小学堂成立。

1927年，京阳初等小学堂改为京水三十八义务小学。

1928年，大庙义务小学成立。

1929年，京水三十八义务小学更名为郑县县立第四小学。

1937年，石桥小学成立。

1938年，郑县县立第四小学受掘堤扒口影响，被黄河水淹没停办。

1945年，大庙义务小学改为柳林乡大庙中心小学。

1949年，弓庄小学成立。

1950年，教育部颁布“教育为生产服务，向工农子弟开门”的教育方针。数年间，花园口小学、马庄小学、八堡小学、京水小学、常庄小学等相继成立。

1956年，柳林乡大庙中心小学设2个戴帽初中班。

1957年，柳林乡大庙中心小学的2个戴帽初中班改为乡联办中学。

1958年，乡联办中学更名为郑州市二十八中学。

1959年，柳林乡大庙中心小学更名为郑州郊区大庙小学。

1968年，常庄小学、花园口小学、京水小学开设戴帽初中班。

1973年，申庄创办联办初中1所。

1977年，大庙、西黄刘、金洼3个大队成立大庙联办初中；常庄小学和花园口小学的戴帽初中班合并为花园口联办初中；京水小学的戴帽初中班改为京水联办初中。

1980年，花园口、常庄、马庄、西黄刘、金洼、弓庄、大庙、京水、祥云寺、八堡、石桥、申庄、南月堤13所小学均设立育红班，共13个班。

1985年，取消申庄联办初中，增设黄河中学。大庙联办初中、花园口联办初中、京水联办初中保留，更名为大庙中学、花园口中学、京水中学。

1986年，京水小学更名为郑州市京水回民小学。

1992年，郑州市二十八中学、邙山区成人中等专业学校、邙山区教师进修学校三校合并为邙山区教育中心学校，校址设于邙山区成人中等专业学校。

1994年，全区统一编序命名，京水中学更名为邙山区第六初级中学，大庙中学更名为邙山区第七初级中学，花园口中学更名为邙山区第八初级中学。

1995年，撤销邙山区第八初级中学，合并于邙山区第七初级中学，校址迁至原郑州市二十八中旧址。

2004年，邙山区更名为惠济区，小学也随之改名，邙山区第六初级中学和邙山区第七初级中学更名为郑州市惠济区第六中学和郑州市惠济区第七中学。

2010年，撤销郑州市惠济区第七中学，合并于郑州市惠济区第六中学。

2013年，惠济区花园口幼儿园成立。

2015年，惠济区实验幼儿园祥云东园和惠济区实验幼儿园祥云西园成立。

2019年，撤销郑州市惠济区大庙小学，合并于郑州市京水回民小学。

2021年7月，辖区有中学1所，教师86人，在校学生1163人；公办小学5所，教师187人，在校学生3166人；公办幼儿园3所，教职工101人，在园幼儿600多人。

郑州市惠济区花园口幼儿园　位于花园口镇花园口村，始建于2013年，是一所现代化标准幼儿园，占地面积2600平方米，建筑面积3200平方米，有教职工49人，11个教学班。

郑州市惠济区实验幼儿园祥云东园　位于惠花新城京水东苑内，隶属于惠济区实验幼儿园，是一所现代化标准幼儿园，占地面积3956平方米，建筑面积2908平方米，有教职工31人，7个教学班。

祥云东园快乐骑行　花园口镇中心学校供图

祥云西园美食制作　花园口镇中心学校供图

郑州市惠济区实验幼儿园祥云西园　位于惠花新城大庙苑内，隶属于惠济区实验幼儿园，是一所现代化标准幼儿园，占地面积 3956 平方米，建筑面积 2908 平方米，有教职工 21 人，4 个教学班。

郑州市惠济区花园口小学　位于花园口镇花园口村，始建于 1950 年，1990 年搬迁于现址。学校占地面积 1.9 万平方米，建筑面积 9089 平方米，有教师 69 人，29 个教学班。

郑州市京水回民小学　位于花园口镇京水村，是惠济区唯一一所民族学校。始建于 1958 年，1986 年京水小学更名为郑州市京水回民小学。学校占地面积 1.3 万平方米，建筑面积 3950 平方米，有教师 62 人，25 个教学班。

郑州市惠济区八堡小学　位于花园口镇八堡村，始建于 1950 年，占地面积 5336 平方米，建筑面积 2524 平方米，有教师 29 人，12 个教学班。

郑州市惠济区申庄小学　位于花园口镇申庄村，始建于 1958 年，占地面积 2000 平方米，建筑面积 1053 平方米，有教师 12 人，6 个教学班。后于 2021 年 9 月合并于郑州市惠济区石桥小学。

20 世纪 70 年代花园口小学晨读老照片
花园口镇中心学校供图

20 世纪 70 年代花园口小学拔河比赛老照片
花园口镇中心学校供图

花园口小学姐妹花牵手入校　花园口镇中心学校供图

八堡小学爱国教育　花园口镇中心学校供图

20 世纪 80 年代的京水回民小学　花园口镇中心学校供图

郑州市惠济区石桥小学　位于花园口镇石桥村，始建于 1937 年，原址在石桥村十字街西南 300 米处（裴家门），后经两次搬迁，于 1973 年搬至现址。学校占地面积 1.2 万平方米，建筑面积 7996 平方米，有教师 15 人，6 个教学班。

郑州市惠济区第六中学　位于花园口镇京水村，始建于 1977 年，占地面积 2 万平方米，建筑面积 6034 平方米，有教师 86 人，20 个教学班。

石桥小学少先队员风采　花园口镇中心学校供图

1986 年，京水中学（现惠济区第六中学）奠基老照片
花园口镇政府供图

惠济区第六中学书法课　花园口镇中心学校供图

惠济区第六中学篮球比赛　花园口镇中心学校供图

医疗卫生

中华人民共和国成立前，辖区医疗条件较为薄弱，缺医少药。1955 年，成立花园口、京水、西黄刘 3 个联合诊所，培养“赤脚医生”。1970 年，在大庙村成立卫生院。1971 年迁到花园口村。1977 年，迁往范庄村。1990 年，新建病房楼。1999 年，全镇 14 个村均建立了卫生所。2007 年 6 月，投入资金 310 万元，在京水村新建花园口镇卫生院，承担着辖区居民的基本医疗保健工作。2015 年，开始免费为辖区 60 岁以上老人体检。2017 年 10 月，卫生院开设中医门诊。2019 年，投入资金约 700 万元对卫生院进行基础设施改造。2020 年，家庭医生签约率达 80%。

郑州市惠济区花园口镇卫生院　始建于 2007 年 6 月，现位于花园口镇京水村，有门诊综合楼、120 急救站和肠道门诊楼（现改名为康复楼），占地面积 10005 平方米，建筑面积 4333 平方米，业务用房 4333 平方米，是一所集医疗、预防保健、院前急救、公共卫生服务为一体的一级综合卫生院，是郑州市七家示范卫生院之一、郑州市城乡居民医疗保险定点单位、郑州急救 39 号站。

现有在职职工 57 人，其中副主任医师 3 人，主治医师 5 人，主管护师 4 人，执业（助理）西医师 14 人，中医（助理）医师 5 人，口腔科助理医师 2 人，副主任药师 1 人，药师 2 人，药士 2 人，全科医师 7 人，公共卫生人员 12 人，管理辖区村卫生室 9 所，村医 20 人。

2007 年，花园口镇卫生院开业典礼　花园口镇政府供图

群众文化

1955 年，石桥村组建越调剧团。

1969 年，公社文化站成立。

1980 年，组织全乡文艺汇演。

1981 年，石桥村建立私人个体户电影队。

1981 年，举办花园口首届书画展览。

1982 年，成立花园口乡春草文学社。

1984 年，举办花园口第一次书法比赛。

1997 年 6 月，申庄狮舞队成立。

1999 年 2 月，举办“花园口镇第一届民间艺术节”。

2004 年 8 月，各村文化站相继成立。

2010 年 6 月，举办“浓浓粽叶香　和谐邻里情”主题活动。

2011 年 5 月，举办“快乐成长　放飞梦想”儿童节主题活动。

2012 年 4 月，举办世界读书日活动。

2013 年 9 月，举办“我们的节日——情暖中秋”道德讲堂活动。

2014 年 10 月，乡韵艺术团成立。

2015 年 3 月，举办烙画比赛。

2016 年 2 月，举办“好媳妇、好婆婆、和睦家庭”评比活动。

2017 年 6 月，举办“创先争优迎七一　我为党旗添光彩”演讲比赛。

2018 年 5 月，花园口镇新时代文明实践所投入使用。

2018 年 7 月，在京水村成立蛋雕工作室。

2018 年 10 月，成立太极拳、太极剑队伍。

2019 年 1 月，举办“我们的节日——春意联连”迎春送福送春联活动。

2019 年 8 月，举办“公益电影送下乡　文化惠民暖民心”活动。

2020 年 9 月，花园口镇综合文化站投入使用。

2021 年 6 月，花园口镇合唱团参加市、区合唱比赛。

2021 年 9 月，举办“好好学习　逐梦前行”儿童主题活动。

2021 年 9 月，举办“花灯制作贺中秋　万家团圆度佳节”手工灯笼制作活动。

2000 年，居民荡秋千　花园口镇政府供图

荡秋千　荡秋千是辖区居民在春节期间广泛开展的一项传统体育活动。栽上粗桩，搭上横担，两根粗绳，即可活动。或单人、或双人，既能个人健身娱乐，又能进行群体比赛，男女老少皆可参与，是广大群众十分喜欢的一项运动。

跳绳、踢毽子　群众对跳绳、踢毽子的喜好并不亚于荡秋千，因为其材料普及，活动形式不受场地、人员的限制，所以方便开展，现已成为人们日常健身娱乐的有效方式。

花样跳绳　花园口镇中心学校供图

踢毽子　花园口镇中心学校供图

武　术　武术是花园口镇广泛开展的传统体育活动项目之一，现在辖区参加武术训练的人数越来越多，花园口小学还把武术定为学校特色发展项目，并经常参加国家级、省级、市级的武术比赛。

武术比赛　花园口镇中心学校供图

足球队比赛　花园口镇政府供图

足　球　2014年7月，组建老友足球俱乐部，俱乐部坚持“健康第一，交流感情，资源共享，大力发展民间体育”的理念。在老友足球俱乐部的辐射带动下，现在花园口镇越来越多的年轻人喜欢上了足球运动。

文艺队　花园口镇以满足群众精神生活需要为目的，以文化娱乐活动为主要内容，鼓励各村成立文艺队伍，不断提高群众的文化实践能力。截至目前，花园口村成立有秧歌队、盘鼓队；大庙村成立有腰鼓队、广场舞队；京水村成立有秧歌队、杂耍队、舞蹈队、交谊舞队、太极扇队；南月堤村成立有盘鼓队、现代舞队；祥云寺村成立有盘鼓队；八堡村成立有广场舞队、盘鼓队、舞龙舞狮队、锣鼓队；申庄村成立有盘鼓队、舞龙舞狮队；石桥村成立有舞狮队、盘鼓队、戏曲队等。在花园口镇“民间艺术节”举办期间，各村文艺队积极参加全镇集中汇演，展现群众文化生活。

文化设施　党的十八大以来，为加快构建文化创新体系，先后建立花园口村、大庙村、京水村、南月堤村、祥云寺村、八堡村、申庄村、石桥村、河畔社区9个村（社区）的综合文化站，设有志愿服务、政策咨询、网络家园、绿城妈妈活动、儿童之家、四点半课堂、

2017 年，花园口镇文艺队参加集中展演活动　朱广健 摄

2019 年，花园口镇艺术节活动现场之一　朱广健 摄

2019 年，花园口镇艺术节活动现场之二　朱广健 摄

2019 年，花园口镇艺术节活动现场之三　朱广健 摄

花园口村郑品书社 马健 摄

书法室、瑜伽室、农家书屋等功能设施；2020 年，建成镇级综合文化站 1 座，含乒乓球室、瑜伽室、书法室、健身室、心理疏导室等功能室，并高标准建成 2 个城市书屋（大庙村、花园口村郑品书社），藏书 15000 余册，进一步方便群众文化生活。

社会保障

养老保险 2009 年，花园口镇开始实施城乡居民养老保险制度。

2010 年，城乡居民养老保险完成参保续费 2777 人，参保率 83%。

2011 年，城乡居民养老保险完成参保续费 3455 人，参保率 85%。

2012 年，城乡居民养老保险完成参保续费 11043 人，参保率 92%。

2013 年，城乡居民养老保险完成参保续费 11093 人，参保率 93%。

2014 年，城乡居民养老保险完成参保续费 12008 人，参保率 95%。

2015 年，城乡居民养老保险完成参保续费 12272 人，参保率 96%。

2016 年，城乡居民养老保险完成参保续费 12653 人，参保率 97%。

2017 年，城乡居民养老保险完成参保续费 12820 人，参保率 100%。

2018 年，城乡居民养老保险完成参保续费 13133 人，参保率 100%。

2019 年，城乡居民养老保险完成参保续费 13225 人，参保率 100%。

2020 年，城乡居民养老保险完成参保续费 13933 人，参保率 100%。

2021 年，城乡居民养老保险完成参保续费 13957 人，参保率 100%。

医疗保险 2009 年，花园口镇开始实施城乡居民医疗保险制度。

2010 年，城乡居民医疗保险完成参保续费 5832 人，参保率 80%。

2011 年，城乡居民医疗保险完成参保续费 5965 人，参保率 81%。

2012 年，城乡居民医疗保险完成参保续费 13986 人，参保率 90%。

2013 年，城乡居民医疗保险完成参保续费 14088 人，参保率 92%。

2014 年，城乡居民医疗保险完成参保续费 14159 人，参保率 94%。

2015 年，城乡居民医疗保险完成参保续费 14302 人，参保率 95%。

2016 年，城乡居民医疗保险完成参保续费 14343 人，参保率 96%。

2017 年，城乡居民医疗保险完成参保续费 21685 人，参保率 100%。

2018 年，城乡居民医疗保险完成参保续费 22110 人，参保率 100%。

2019 年，城乡居民医疗保险完成参保续费 22205 人，参保率 100%。

2020 年，城乡居民医疗保险完成参保续费 22264 人，参保率 100%。

2021 年，城乡居民医疗保险完成参保续费 22370 人，参保率 100%。

就业服务 2008 年，花园口镇开始实施就业服务。

2008 年，实现就业、再就业 190 人，农村劳动力转移就业 246 人。

2009 年，实现就业、再就业 195 人，农村劳动力转移就业 246 人。

2010 年，实现就业、再就业 201 人，农村劳动力转移就业 246 人。

2011 年，实现就业、再就业 198 人，农村劳动力转移就业 256 人。

2012 年，实现就业、再就业 230 人，农村劳动力转移就业 316 人。

2013 年，实现就业、再就业 348 人，农村劳动力转移就业 97 人。

2014 年，实现就业、再就业 245 人，农村劳动力转移就业 64 人。

2015 年，实现就业、再就业 254 人，农村劳动力转移就业 68 人。

2016 年，实现就业、再就业 215 人，农村劳动力转移就业 23 人。

2017 年，实现就业、再就业 216 人，农村劳动力转移就业 115 人，农民工返乡创业 39 人。

2018 年，实现就业、再就业 117 人，农村劳动力转移就业 50 人，农民工返乡创业 54 人。

便民服务中心之一 马健 摄

便民服务中心之二 李新华 摄

2019年，实现就业、再就业159人，农村劳动力转移就业62人，农民工返乡创业57人。

2020年，实现就业、再就业153人，农村劳动力转移就业42人，农民工返乡创业46人。

2021年，实现就业、再就业299人，农村劳动力转移就业46人，农民工返乡创业50人。

居民生活

衣 中华人民共和国成立前，辖区群众穿衣多为自纺、自织、自做，粗布为主，颜色单调。

中华人民共和国成立初期，大部分农民仍穿粗布衣，少数人穿洋布、斜纹布、哔叽、哗达呢，男人以穿军装为荣。

20世纪70年代，布料品种增加了的确良、涤卡、涤纶等化纤品布料，颜色多为灰色、蓝色、黑色。

20世纪70年代，花园口人民公社社员家庭生活
河南日报资料图片

20世纪80年代，市场经济繁荣，各种布料的成衣陆续占领市场，品种繁多，喇叭裤、牛仔裤、羽绒服、西装、夹克、皮衣应有尽有。

20世纪90年代，短裙、职业套装、文化衫等逐渐引领潮流。

进入21世纪，村民穿衣多到商场选购，注重舒适性和时尚感，款式趋向个性化，制作强调精细化，面料趋向高档化。

食 花园口镇属黄河故道首端，为水洼、沙丘、盐碱次生的不毛之地，限制了农业生产发展，辖区大部分农户以粗粮为主。蔬菜随季节种植，也常晒干菜、腌制咸菜以备食用。食油多为芝麻油、豆油、花生油、棉籽油，因油料作物产量低，农民较少食用。

1956年6月，郑州郊区花园口灌区引黄闸竣工，实现引黄灌溉、放淤改土。之后大部分农田旱则能浇，涝则能排，农民粮食得以自足。到1990年，卓有成效的水稻改良和

农贸市场　马健 摄

生活超市　马健 摄

无公害水产养殖工程，使昔日不毛之地变成了鱼米之乡。

进入 21 世纪，农民经济收入逐渐提高，食品种类日渐丰富，膳食结构日趋优化，瓜果蔬菜、肉禽蛋奶成为日常饮食，海参、鲍鱼、海蟹也端上了寻常百姓家的餐桌。

住 中华人民共和国成立前，花园口辖区民居主要以土坯房为主。土坯房保湿性好、冬暖夏凉、造价低廉，但较为潮湿，储存粮食容易发霉。

中华人民共和国成立初期，人居环境获得极大改善，房屋结构多用砖木或土木，也有土砖混合，视经济条件而定，样式一般以 3 间为 1 所居多。

20 世纪 70 年代，大部分居民稍有积蓄，生活稳定，农民自建新房者渐多，其中蓝砖小瓦房较常见。

20 世纪 80 年代，民居发生变化，出现了预制平房，建筑由土木结构转为钢筋混凝土结构。

20 世纪 90 年代，农村住房有较大起色，多为 2 层或 3 层小楼，4 层或 5 层楼房也有出现，楼体墙壁多用红、黄、绿、蓝等颜色干沾石挂面，也有少数外壁用马赛克贴壁装饰。

21 世纪初期，花园口镇响应新农村建设号召，南月堤村、申庄村、石桥村结合村情进行统一规划、设计、建造民居。2012 年，启动合村并城项目；2018 年，2240 套安置房分配完毕。

现代化民居 马健 摄

行 中华人民共和国成立前，村与村之间多是土路相连，雨雪天气泥泞不堪，出行一般步行，少有马车。

20世纪50—70年代，城乡交通事业发展较快，乡间主要道路都铺成沥青路，并与城区相连。收获庄稼多以架子车、马车、牛车运载，少数人用拖拉机、手扶拖拉机运载。

20世纪80年代，自行车普及，小四轮拖拉机、三轮奔马车、小型三轮机动车进入百姓家。

20世纪90年代，村民增添了各式各样的摩托车，私家车开始进入居民生活，公交车实现了乡乡通，大大方便了村民出行。

进入21世纪，居民出行以电动车为主，汽车也走进普通家庭，私家车拥有量不断增加。

精神文明建设

花园口镇努力践行社会主义核心价值观，积极传承中华民族优秀传统文化，以创建文明村镇为载体，不断提升全民素质，培育文明乡风，开创和谐文明新局面，共建设1个新时代文明实践所、8个新时代文明实践站。2013年、2016年、2020年连续获得河南省文明村镇称号。通过开展周五清洁家园活动，带动辖区居民参与环境整治工作，提升文明素养；推进志愿服务活动，各行政村成立志愿服务队23支，招募注册志愿者3829人；积极开展文明餐桌、文明祭祀等宣传活动；有力有序推进星级文明户创建从“评选制”向“认领制”转变，通过认领星级文明户，进一步引导群众向上向善、孝老爱亲、重义守信、勤俭持家、推进移风易俗；举办“好媳妇、好婆婆、和睦家庭”“新时代好少年”等评选活动。截至2021年年底，评选“好婆媳好儿女好妯娌”239人、“和睦（和谐、最美）家庭”155户。

平安建设

花园口镇稳步推进平安建设工作，建立健全社会治安综合治理、预防和处置突发事件、安全生产、法治宣传教育等组织机构，制定可操作性强的平安建设工作方案，与各村、各单位签订平安建设工作目标责任书，明确专职政法工作责任人，压实工作责任。2004年7月，花园口镇成立专职巡防队，平均每年联合派出所集中排查重点场所5次，每天巡逻3

次。2006 年，花园口镇平安建设工作日趋完善，各村都设立平安建设站点，在花园口旅游景区建设了法治长廊。持续开展普法教育进农村、进社区、进学校活动，普及现代化法治观念，各村、各社区聘请法律顾问，每季度进行一次法治专题讲座。在全镇中小学举办法治课，聘请法治辅导员。从“四五”普法到“七五”普法结束，平均每年悬挂平安建设宣传标语 160 条，举行宣传活动 24 次，发放宣传页 1.8 万页。2008 年 5 月，花园口镇招录专职人民调解员，平均每年化解纠纷 100 起，全镇矛盾纠纷调解率达 98%。2012 年起，花园口镇先后获得郑州市平安建设先进乡镇、郑州市民主法治乡镇、河南省规范化司法所等荣誉称号。

乡镇建设

功能区布局

总体规划 1998 年，花园口撤乡建镇，花园口乡改为花园口镇。

2005 年，花园口镇政府编制《郑州市惠济区花园口镇总体规划（2005—2020 年）》，主要用于指导和协调花园口镇城镇建设。

2009 年，花园口镇政府修编《郑州市惠济区花园口镇总体规划（2009—2020 年）》，对花园口镇总体规划以及城镇规划区域范围进行调整。

2012 年，花园口镇政府编制《郑州市惠济区花园口镇控制性详细规划》，经郑州市人民政府批准实施。

2014 年，花园口镇成立新型城镇化建设办公室，主要负责村镇建设、规划、管理及监察。

2015 年，花园口镇政府编制《郑州市惠济区花园口镇镇区（中州大道以东区域）控制性详细规划》，经郑州市人民政府批准实施，规划区域为铁源路、祥云东路、北四环、徐东路、滨河路、中州大道所围合的区域，规划范围用地面积为 452.3 公顷，规划范围内居住人口为 7.8 万人。规划花园口村、南月堤村、八堡村、申庄村、石桥村等沿黄村庄为生态宜居区，规划基本农田面积 413.35 公顷，农用地面积 813.35 公顷，建设用地面积 906.69 公顷。

2022 年，花园口镇政府将《郑州市惠济区花园口镇镇区（中州大道以东区域）控制性详细规划》中规定的H06-04、H06-05、H06-06三块约18.8公顷土地的性质调整为一类工业用地（新型工业用地），主要用于规划惠济区花园口新兴产业园项目，修规已经通过控规修改论证公示。

功能分区 根据《郑州市惠济区花园口镇镇区（中州大道以东区域）控制性详细规划》，规划形成“两核、三心、三轴、五区”的规划结构。“两核”：在中州大道与迎宾大道交叉口处形成商贸服务核心，在迎宾大道与金京东环检查口处形成综合服务核心；“三心”：在西北部、东部居住用地相对集中的区域中心，结合公园绿地，分别设三处社区级的社区服务中心；“三轴”：规划依托中州大道形成郑州中心城区与新乡平原新区的区域联系轴，依托京水路与迎宾大道打造两个镇区功能拓展轴；“五区”：规划区沿索须河、贾鲁河形成三个生态宜居区和一个公共设施区，沿中州大道形成一个商贸服务区。

居住用地布局 根据《郑州市惠济区花园口镇镇区（中州大道以东区域）控制性详细规划》（以下用地布局均出自此规划），规划居住用地约138.74公顷，占城市建设用地的31.79%。

公共管理与公共设施用地布局 规划范围内公共管理与公共服务设施用地面积55.67公顷，占城市建设用地的12.83%。其中行政办公用地面积2.02公顷，文化设施用地面积4.26公顷，教育用地面积31.07公顷，体育用地面积6.39公顷，医疗卫生用地面积9.62公顷，社会福利用地面积2.31公顷。

商业服务业设施用地布局 规划范围内商业服务业设施用地面积56.51公顷，占城市建设用地的13.02%。其中商业用地面积52.80公顷，主要分布于金京西环路以西；商务用地面积1.64公顷，加油加气站用地面积2.07公顷。

道路与交通设施用地布局 规划范围内道路与交通设施用地面积114.03公顷，占城市建设用地的26.27%。其中城市道路用地面积100.95公顷，公共交通场站用地面积2.49公顷，社会停车场用地面积10.59公顷。

公用设施用地布局 规划范围内公用设施用地面积4.53公顷，占城市建设用地的1.04%。其中供电用地面积1.62公顷，通信用地面积0.47公顷，环卫用地面积0.15公顷，消防用地面积1.44公顷，其他公用设施用地面积1.33公顷。

绿地与广场用地布局 规划范围内绿地与广场用地面积64.53公顷，占城市建设用地的14.87%。其中公园绿地面积53.20公顷，防护绿地面积7.85公顷，广场用地面积3.47公顷。

道 路

花园路 在花园口镇境内经过大庙村，辖区内里程约 1.4 千米，设计时速 60 千米每小时。1956 年，由郑州市公路局投资兴建，把原来的郑汴公路的郑京（京水）段，由柳林改线，直通花园口，改名郑花公路，1972 年铺上柏油。改革开放以来，郑花公路几经改造、拓宽、绿化、美化，已经成为郑州城区的主干道，现称花园路。

中州大道 在花园口镇境内经过花园口村、大庙村、京水村，辖区内里程约 5.6 千米，设计时速 80 千米每小时。2006 年，经郑州市地名办批准，107 国道郑州段（连霍高速—陇海铁路段）更名为中州大道，路宽约 100 米，双向 14 车道，有非机动车道和人行道，道路两边各建了 50 米宽的绿化带，是贯通郑州市南北的景观大道。

大河路 在花园口镇境内经过大庙村、京水村、祥云寺村、八堡村、申庄村、石桥村，辖区内里程约 12 千米，设计时速 80 千米每小时。2017 年 12 月 30 日开工建设，2020 年 6 月 29 日高架通车，2021 年 4 月 30 日地面道路全线通车，标志着四环线及大河路快速化

20 世纪 70 年代，花园口公路绿化老照片　河南日报资料图片

大河路 马健 摄

S312 马健 摄

工程全线闭合，郑州市主城区“两纵两横两环”快速路网系统全部形成，提升了市区和沿线居民的出行效率。

S312 在花园口镇境内经过花园口村、南月堤村、八堡村、申庄村、石桥村，辖区内里程约 14 千米，设计时速 60 千米每小时。2020 年 4 月，S312 郑州境改建工程开工，2021 年 5 月 1 日正式通车。该工程采用一级公路兼具城市道路功能标准，双向四车道。道路两侧各建有 57 米的生态廊道，廊道内设置有车辆停靠港湾、驿站和综合服务区，是一条集生态、文化、旅游、休闲、观光、防洪等功能为一体的沿黄最美道路。

农村道路建设 2019 年以来，按照郑州市“三项工程 一项管理”工作部署，花园口镇对辖区内的村道进行修建，解决了群众出行“最后一公里”的问题。

1974 年 4 月花园口乡村道路老照片 河南日报资料图片

花园口镇 2019—2022 年城乡道路建设明细表

序号	道路名称	里程 / 米	路面结构	建成通车年份
1	防汛路	502	沥青	2019
2	化庄西生产路	240	混凝土	2019
3	花园口老街至化庄生产路	1274	沥青	2019
4	大河路八堡段	670	沥青	2019
5	七堡至黄河大堤村道	440	沥青	2019
6	申庄村东至石桥村道	1085	沥青	2019
7	石桥村委会后至马渡道路	2070	沥青	2019
8	于庄村至黄河大堤村道	406	沥青	2019
9	赵高庄村西南北街	267	混凝土	2019
10	赵兰庄北环路	1008	混凝土	2019
11	赵兰庄中心大街	1250	沥青	2019
12	花园口村老街	1567	沥青	2019
13	大河路京水祥云寺段	1957	沥青	2019
14	京水社区北侧道路	656	沥青	2019
15	万客隆市场东侧道路	486	沥青	2019
16	京水村自然道路	554	沥青	2019
17	石桥村北四环至张桥道路	1057	沥青	2020
18	东岗西路	223	沥青	2020
19	迎客东路	760	沥青	2021
20	东岗中路	616	沥青	2021
21	金京西环路	1770	沥青	2021
22	大庙路	300	沥青	2021
23	金山路	1600	沥青	2021
24	大庙中路	950	沥青	2021
25	京水路	2400	沥青	在建

桥 梁

郑州黄河公路大桥 郑州黄河公路大桥是连接郑州市与新乡市原阳县的过河通道，南起郑州花园口镇，北抵新乡市原阳县桥北刘庵村，1984 年 7 月 5 日动土兴建，1986 年 10 月 1 日正式通车。大桥总投资 1.78 亿元，全长 5.54986 千米，共 137 孔，宽 18.5 米，桥高 15 米，桥面为双向四车道，中间 9 米为快车道，两边各有 1 米宽的人行道和 3.5 米宽的慢车道。桥型上部构造为预应力混凝土筒支架，桥面每 140 ~ 250 米设一伸缩缝，以伸缩缝为界，计 25 联；大桥下部构造有 138 座 4 层楼高的巨型墩台，为钻孔灌柱桩基础，框架

郑州黄河大桥通车仪式 花园口镇政府供图

1986 年 10 月，郑州黄河公路大桥 田风贤 摄

式桥台，双柱式桥墩。整个桥体的设计标准，可保证 300 年一遇的特大洪峰顺利通过，能抵御 7 级地震。2012 年 10 月 8 日零点起取消收费。

郑新黄河大桥 郑新黄河大桥是郑州至新乡 G107 复线工程及京广铁路客运专线跨越黄河的公铁共用特大桥梁，南起花园口镇申庄村，北抵新乡市原阳县原武镇，全长 24.27 千米，其中桥梁长 11.65 千米，公铁合建长 9.177 千米，是河南省境内第一座公路、铁路共用的特大桥梁，建成时为黄河上最长的公路桥。大桥采用了铁路在下、公路在上的公铁合建设计理念，上层设双向六车道一级公路，设计时速 100 千米，两侧设 4 米宽慢车道；下层设双线铁路客运专线，设计时速 350 千米。公路桥部分于 2007 年 7 月开工建设，2010 年 9 月建成通车。2012 年 12 月 26 日京广高铁开通，郑新黄河大桥铁路部分通车。

郑新黄河大桥之一 马健 摄

郑新黄河大桥之二 马健 摄

花园口互通立交桥 花园口互通立交桥是连接花园路、中州大道、北四环的3层半枢纽型全互通式立交。2009年6月28日开工建设，2010年10月8日全线通车，立交桥最高点距地面18.68米，有6层楼之高，占地约53.9万平方米。花园口互通立交桥的建成通车，解决了郑州黄河公路大桥南出口的拥堵状况。

花园口互通立交桥 马健 摄

公共交通

截至 2020 年年底，经过辖区的公交线路有 32 路、196 路、S161 路、270 路、79 路、703 路、702 路、263 路及夜班车 Y11 等。

S312 公路上的公交车　马健 摄

花园口游览区公交站　李新华 摄

供　水

惠花新城京水东苑、京水西苑、大庙苑，河畔社区由郑州市自来水公司统一供水，管网长度4580米，日供水量1600立方米，解决3371户居民用水。

花园口村、南月堤村、祥云寺村、八堡村、申庄村、石桥村由本村自建供水塔供水。

花园口村供水设施6处，供水设施占地面积860平方米，建筑面积490平方米，管网长18000米，日供水1200立方米，解决1.2万名居民用水。

南月堤村供水设施3处，供水设施占地面积260平方米，建筑面积110平方米，管网长8000米，日供水520立方米，解决3149名居民用水。

祥云寺村供水设施1处，供水设施占地面积200平方米，建筑面积15平方米，管网长800米，日供水200立方米，解决1069名居民用水。

八堡村供水设施6处，供水设施占地面积820平方米，建筑面积405平方米，管网长14000米，日供水890立方米，解决9580名居民用水。

申庄村供水设施1处，供水设施占地面积200平方米，建筑面积40平方米，管网长8000米，日供水260立方米，解决1780名居民用水。

石桥村供水设施3处，供水设施占地面积280平方米，建筑面积100平方米，管网长16000米，日供水650立方米，解决3822名居民用水。

供　电

电力设施是伴随着水利建设、农业生产的发展而兴建的。

1958年，大庙村从河南省第三招待所（黄河迎宾馆）到大庙村架设照明线路1.5千米，直供村内20门人工电话交换机用电，同时解决了大队部和学校的办公用电。1964年，由国家投资，架起了10千伏的高压线路铁京线和铁花线，为引黄稻改提供动力。1966年，增设了花石高压线。1974年，架设了铁肥高压线，保证了原化肥厂的正常生产，并逐步供应农民生活用电。

随着农业生产面积的增长和群众家电的普及，电力供需矛盾日趋显著，为确保安全用电，1983年11月30日花园口变电所建成，投入运行，主变压器容量1×20000千伏安，110千伏输电线路1条，10千伏配电线路7条，站用50千伏安变压器2台，占地15亩，

花园口变电所 马健 摄

铁京线改由花园口变电所供电。2000 年后花园口镇各村先后实行了电改，保证了群众的用电需求。

供　气

2018 年之前，花园口镇群众做饭主要采用煤、沼气、液化气。2019 年，惠花新城安置区在中州大道铺设天然气主管道 2000 多米，解决了京水东苑 852 户、京水西苑 795 户、大庙苑 868 户居民使用天然气的需求。

2020 年，花园口镇启动村户天然气基础设施建设工程。截至 2021 年年底，项目开始建设的有花园口村、南月堤村、石桥村。花园口村在建的天然气主管网共计 1400 余米，中低压管线 4700 余米，完工后能解决 1200 户居民使用天然气。南月堤村在建的天然气主管网共计 1000 余米，中低压管线 7000 余米，完工后能解决 260 户居民使用天然气。石桥村的和合家园小区 198 户、畔亩园 586 户天然气已接通并正常用气，现仍在建的天然气主管网共计 2000 余米，中低压管线 16816 余米，完工后能解决 400 户居民使用天然气。2021 年，河畔社区在中州大道铺设天然气主管道 4000 余米，解决了 856 户居民使用天然气的需求。

排 水

花园口镇现有污水处理站（厂）8座、污水泵站2座。

马头岗污水处理厂 位于花园口镇京水村贾鲁河南，隶属于郑州市污水净化公司，分一期、二期工程，一期的污水处理站日处理能力30万吨，出水水质一级A标准，2007年建成投入使用；二期的污水处理站日处理能力60万吨，出水水质一级A标准，2014年建成投入使用。

赵兰庄污水处理站 分东侧、西侧污水处理站，东侧污水处理站日处理能力500吨，出水水质一级A标准，2013年建成投入使用；西侧污水处理站日处理能力350吨，出水水质一级A标准，2015年建成投入使用，两个处理站主要处理赵兰庄村民排放的生活污水。

赵高庄污水处理站 日处理能力400吨，出水水质一级A标准，2019年建成投入使用，主要处理赵高庄村民排放的生活污水。

南月堤污水处理站 日处理能力1000吨，出水水质一级A标准，2019年建成投入使用，主要处理南月堤村民排放的生活污水。

七堡临时污水处理站 日处理能力800吨，出水水质一级A标准，2019年建成投入使用，主要处理七堡村民排放的生活污水。

马头岗污水处理厂 马健 摄

申庄污水处理站 李新华 摄

田河临时污水处理站 日处理能力 800 吨，出水水质一级 A 标准，2019 年建成投入使用，主要处理田河村民排放的生活污水。

申庄污水处理站 日处理能力 1000 吨，出水水质一级 A 标准，2021 年建成投入使用，主要处理申庄村民排放的生活污水。

石桥污水处理站 日处理能力 800 吨，出水水质一级 A 标准，2021 年建成投入使用，主要处理石桥村民排放的生活污水。

花园口村花溪路污水泵站 2019 年 8 月建成投入使用，主要将花园口村村民排放的生活污水通过市政管网泵至马头岗污水处理厂处理。

河畔社区污水泵站 2021 年 8 月建成投入使用，主要将河畔社区居民排放的生活污水通过市政管网泵至马头岗污水处理厂处理。

绿 化

1996 年，根据《平原绿化初级达标标准》和省、市统一安排，对沟、河、路、渠和农田进行统一规划，1997 年通过郑州市验收，达到平原绿化初级标准。

截至2020年年底，花园口镇公共绿地面积40万余平方米，人均公共绿地面积16平方米，绿地率5%，园林绿地面积410万平方米，绿化覆盖面积为2900万平方米，绿化覆盖率49%，建成迎宾园、安谐园、南月堤小游园3处，高铁游园1处。

迎宾园 位于中州大道与花园口老街交叉口西南角，2020年4月建成，占地面积约

黄河大堤两侧绿化 马健 摄

S312道路绿化 马健 摄

5937.6 平方米。园内设置有休闲亭、健身器材、景观座椅；种植有银杏、树状月季、造型油松、对节白蜡、美国红枫、丛生乌桕、丛生朴树、紫薇等植物。

安谐园 位于花园口村一期社区门口，2020 年 4 月建成，占地面积约 4206.8 平方米。园内设置有安谐亭、健身器材、景观座椅；种植有广玉兰、樱花、花石榴、木槿、银杏、

迎宾园之一 李新华 摄

迎宾园之二 李新华 摄

安谐园　马健 摄

紫叶李、大叶女贞、雪松等植物。

南月堤小游园　位于南月堤村南，2021 年 5 月建成，投入资金约 132.33 万元，占地面积约 1.85 万平方米，绿化面积 1.67 万平方米。园内设置有景观座椅 15 个，垃圾箱 8 个，公厕 2 座；种植有乔木美国红枫 47 棵，造型松 1 棵，白蜡 11 棵，黄金槐 264 棵，树状月季 66 棵；地被植物有白三叶 9731 平方米，草坪 3018 平方米，柳叶马鞭草 1062 平方米，红花酢浆草 558 平方米，紫松果菊 553 平方米，混播草花大滨菊和虞美人 318 平方米，混播草花大花金鸡菊和硫华菊 1484 平方米。

京广高铁游园　位于花园口镇申庄村京广高铁沿线，2019 年 12 月建成，投入资金约 1 亿元，占地面积约 28.67 万平方米。园内种植有雪松、银杏、榉树、玉兰、女贞、栾树、美国红枫、白皮松、丛生五角枫、丛生朴树、法桐、三角枫等植物。

南月堤小游园　李新华 摄

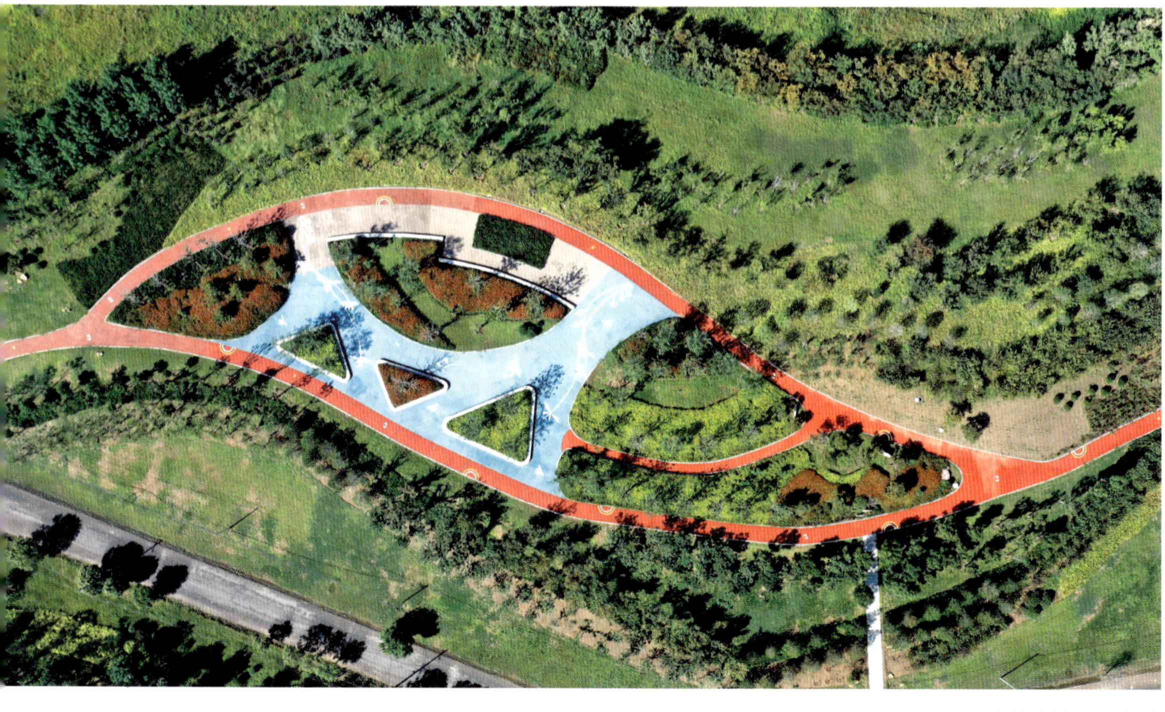

京广高铁游园　马健 摄

环境卫生

花园口镇成立综合执法办公室，主要负责辖区道路主次干道及大街小巷的环境卫生。21 世纪以来，镇加大环卫投入，辖区环境卫生不断改善。截至目前，花园口镇共有环卫工 218 人，环卫车 15 辆，其中垃圾压缩车 3 辆、机扫车 5 辆、洒水车 3 辆、雾炮车 2 辆、小冲洗车 2 辆，垃圾中转站 3 座，垃圾箱 89 个，垃圾桶 1150 个，日处理垃圾 83 余吨，新建公厕 22 座。随着农村生活垃圾分类推广后，辖区已投入垃圾分类点 59 处，建造垃圾房 1 处，垃圾亭 12 处，通过正确引导辖区居民参与生活垃圾分类，潜移默化中提升了居民的文明素质，激发了居民参与环境治理的热情和主动意识，逐渐使垃圾分类成为辖区居民的一种良好行为习惯。

美丽乡村建设

2018 年以来，花园口镇先后投资 6000 余万元，实施美丽乡村项目。新修乡村公路 15.5 千米；新建广场游园 3 处、高铁游园 1 处；污水处理站 5 座，污水租赁站 2 处，达到农村生活污水处理全覆盖；积极推进花园口镇水生态文明建设，完成贾鲁河综合整治提升工程，索须河的整治提升正有序推进。全镇有花园口村、南月堤村、八堡村、申庄村、石桥村 5 个沿黄村庄，是郑州市美丽乡村示范村建设试点。

花园口村

2018 年实施美丽乡村项目以来，整修老街 1600 米，防汛路东西段 500 米，化庄西生产路 240 米，花园口社区北侧道路 1274 米。新建游园 2 处，公厕 2 座。游园中配备健身器材、休闲座椅等基础设施，方便群众休闲生活。建成污水处理站 1 座，污水泵站 1 座，生活污水处理达到 100%。正在建设的沿黄生态廊道，有长 2000 米、宽 3 米的游步道；长 3650 米、宽 6 米的骑行道；1 座宽 7 米的钢筋混凝土桥梁；1 座装配式卫生间；160 盏路灯；白蜡、乌桕、樱花、雪松、鸡爪槭、红枫、紫薇、石楠、杏树、桂花、木芙蓉、红叶李等组成的宽 1.5 米绿化带；绣球花、爬山虎、红瑞木、海桐球、红叶石楠球、狼尾草、草坪等组成的绿篱。

美丽乡村花园口村之一　李新华 摄

美丽乡村花园口村之二　李新华 摄

美丽乡村南月堤村　李新华 摄

南月堤村

2018 年实施美丽乡村项目以来，对南月堤村主干道、宅间、闲散土地等进行标准绿化，绿化面积约 66.7 万平方米，栽植白蜡、玉兰、樱花、绚丽海棠、高秆月季，设置村牌，新建标准化足球场 1 个、多功能灯光球场 1 个、小游园 1 处、网球场 1 个，铺设南月堤四组污水管网 725 米，建成污水处理站 1 座，做到污水处理全覆盖，彻底根治农村生活污水直排问题。

八堡村

2018 年实施美丽乡村项目以来，建成西起八堡村，东到凌庄，长 1.2 千米，面积约 26.6 万平方米的沿黄生态廊道。该项目整体景观按照“蓝绿交融、城绿融合、城河融合”设计理念，通过“堆丘、理水、植林、通廊、融文”的造景手法，打造以绿色为底蕴，以花径为纽带，以休闲慢生活为主题，以“色叶片林、疏林草地、通幽花径”为特色，以“一

美丽乡村八堡村　马健 摄

廊、两线、三区、八景”为景观结构的生态廊道。局部微地形塑造 8 万立方米，修建步行道 6153 平方米、游步道 3800 平方米、骑行道 7080 平方米、林中栈道 2554 平方米、广场 4600 平方米、停车场 4980 平方米、公厕 2 座、驿站 1 座、健身器材 50 组、树池坐凳 30 个、条石坐凳 50 个、雕塑小品 2 组、廊架亭子 4 个、垃圾箱 106 个、景石 6 组、标识系统 40 个、植物种植 24 万平方米。

申庄村

2018 年实施美丽乡村项目以来，拆除京广高铁沿线厂房、私搭乱建 4 万余平方米，建成京广高铁游园 1 处，统一拆除村内老旧房屋，在原址上建成新型社区，新修申庄至石桥村道 1085 米，新建申庄污水处理站 1 座，污水处理站日处理量 1000 立方米，彻底根治农村生活污水直排问题。

美丽乡村申庄村之一　马健 摄

美丽乡村申庄村之二　李新华 摄

美丽乡村石桥村　曹清林 摄

石桥村

2018 年实施美丽乡村项目以来，整修石桥乡村道路 3127 米，新建污水处理站 1 座，利用村内零星土地绿化，村内主干道安装路灯，改善了村民居住环境。

合村并城项目

花园口镇京水、大庙、祥云寺合村并城项目属省、市重点项目，同时也是郑州市全镇域合村并城示范镇项目之一。该项目占地近 2 万亩，涉及京水、大庙、祥云寺 3 个行政村、3816 户、13356 人，其中京水村是郑州市最大的回族、汉族聚居村。该项目于 2012 年 4 月启动，2014 年 1 月奠基开工，2018 年 7 月，惠花新城京水东苑、京水西苑、大庙苑共计 2240 套安置房分配完成。

京水、大庙、祥云寺安置区　马健 摄

党建政事

中共惠济区花园口镇委员会

1971 年 1 月 12 日，召开中共花园口人民公社第一次党代会。

1980 年 9 月 4 日，召开中共花园口人民公社第二次党代会。

1986 年 5 月 26 日，召开中共花园口乡第三次党代会。

1989 年 9 月 22 日，召开中共花园口乡第四次党代会。

1992 年 9 月 25 日，召开中共花园口乡第五次党代会。

1995 年 11 月 14 日，召开中共花园口乡第六次党代会。

1998 年 10 月 29 日，召开中共花园口镇第一次党代会。

2002 年 3 月 15 日，召开中共花园口镇第二次党代会。

2006 年 3 月 18 日，召开中共花园口镇第三次党代会。

2011 年 4 月 25 日，召开中共花园口镇第四次党代会。

1986年，中共花园口乡第三次代表大会全体代表合影老照片　花园口镇政府供图

2013年6月至2014年10月，开展党的群众路线教育实践活动，以“为民、务实、清廉”为主题，按照“照镜子、正衣冠、洗洗澡、治治病”的总要求，举行支部书记讲党课、观看专题教育片、举办专题知识讲座、组织专题大讨论等。

2015年4月至2016年2月，开展“三严三实”专题教育，以践行“严以修身、严以用权、严以律己；谋事要实、创业要实、做人要实”为主题，让全镇党员干部在思想、作风、党性上集中“补钙”“加油”。

2016年5月30日，召开中共花园口镇第五次党代会。

2016年2月至2018年6月，开展“学党章党规、学系列讲话，做合格党员”学习教育并将其常态化制度化，通过“学雷锋志愿服务”“全民参与共建清洁家园”“助力双赢攻坚　共建清洁家园”等主题党日活动，持续抓好党建阵地建设，进一步解决党员队伍在思想、组织、作风、纪律等方面存在的问题，推动全面从严治党向基层延伸。

2018年7月至2019年12月，开展“不忘初心、牢记使命”主题教育，通过“大讨论”“解民忧、纾民困、暖民心”行动等，引导党员干部守初心、担使命、找差距、抓落

1995 年，中共花园口乡第六次代表大会唱票　花园口镇政府供图

1995 年，中共花园口乡第六次代表大会会议表决　花园口镇政府供图

实，切实做到干事创业有担当、为民服务解难题。

2021 年 3—12 月，深入开展党史学习教育，打造“党群连心亭”，把工作地点、与群众谈心放到了田间地头，落实密切联系群众工作作风。通过“党史夜校”“初心红喇叭”等形式，让党史学习教育更加有声有色、入脑入心。12 月 19 日，举办“一枚党徽的故事”主题演讲比赛，讲述对党的信仰、入党初心的践行，进一步教育引导党员群众知党、爱党、向党。

2021 年 5 月 19 日，召开中共花园口镇第六次党代会。

2022 年 5 月，召开基层党建质量提升三年行动计划工作推进会暨村（社区）“五星”支部创建安排部署会，按照创建措施，逐星对照，动员全镇各级党组织和广大党员凝心聚力、加压奋进，进一步推动乡村振兴战略实施、提升基层治理水平。

花园口镇人民代表大会

1969 年 11 月 21 日，郑州市郊区花园口人民公社第一届人民代表大会召开。

1980 年 8 月 31 日，郑州市郊区花园口人民公社第二届人民代表大会召开。

1984 年 5 月 21 日，郑州市郊区花园口人民公社第三届人民代表大会召开。

1987 年 4 月 24 日，郑州市邙山区花园口乡第四届人民代表大会召开。

1990 年 3 月 14 日，郑州市邙山区花园口乡第五届人民代表大会召开。

1993 年 3 月 8 日，郑州市邙山区花园口乡第六届人民代表大会召开。

1996 年 3 月 16 日，郑州市邙山区花园口乡第七届人民代表大会召开。

1999 年 3 月 15 日，郑州市邙山区花园口镇第一届人民代表大会召开。

2002 年 3 月 19 日，郑州市邙山区花园口镇第二届人民代表大会召开。

2007 年 1 月 13 日，郑州市惠济区花园口镇第一届人民代表大会召开。

2012 年 4 月 13 日，郑州市惠济区花园口镇第二届人民代表大会召开。

2017 年 3 月 19 日，郑州市惠济区花园口镇第三届人民代表大会召开。

2022 年 3 月 27 日，郑州市惠济区花园口镇第四届人民代表大会召开。

截至 2022 年 6 月，辖区有区人大代表 22 名，镇人大代表 57 名，主席团成员 7 人，人大主席 1 人。

1987年，花园口乡第四届人民代表大会全体代表合影　花园口镇政府供图

花园口镇人民政府

1969 年 10 月，郑州市郊区花园口人民公社成立。

1983 年 4 月，花园口人民公社改为花园口乡。

1987 年 3 月，郊区花园口乡改为邙山区花园口乡。

花园口镇政府旧址　花园口镇政府供图

花园口镇政府文化展示墙　李新华 摄

1996 年 3 月，花园口乡政府由花园口村迁至西黄刘村。

1998 年 3 月，撤乡建镇，花园口乡改为花园口镇。

2004 年 5 月，邙山区改为惠济区，邙山区花园口镇改为惠济区花园口镇。

群团组织

工　会　2006 年，花园口镇召开第一届职工代表大会，大会选举产生了花园口镇第一届工会委员会，同年 4 月，取得郑州市总工会颁发的工会法人资格证书。花园口镇工会充分发挥工会组织的桥梁和纽带作用，按照“履行职能、服务职工”的总体思路，开展丰富多彩的文体活动，深入企业开展集体协商和安康杯竞赛，建会企业和工会会员持续增加，工会工作的活力和吸引力不断增强。2021 年 6 月，辖区共有 11 个基层工会，会员 1011 名。

共青团　1972 年，根据中共花园口人民公社第一届党代会的决议精神，在公社召开了第一届团员代表大会。大会选举出花园口人民公社第一届团委委员 11 人，设支部 10 个，共有团员 813 名。进入 21 世纪以来，团组织带领团员积极参加学雷锋志愿者活动，宣传科普知识，维护社会秩序，清洁美丽家园。2021 年 6 月，花园口镇共有 18 个基层团支部，团员 645 名。

妇　联　1973 年，花园口人民公社召开第一届妇女联合会代表大会，选举产生第一届妇联执行委员会 11 人。21 世纪以来，妇联充分发挥妇女半边天的作用，组织巾帼志愿者评选最美家庭，优秀儿童活动，传播家庭文明正能量。

花园口镇 2012—2021 年市级以上荣誉称号统计

时间	荣誉称号	颁奖单位
2012 年	河南省百强乡镇	河南省统计局
2012 年	河南省规范化司法所	河南省司法厅
2012 年	河南省先进综合文化站	河南省文化厅
2012 年	郑州市新型城镇化建设“十快”乡镇	郑州市委、市人民政府
2012 年	郑州市“坚持依靠群众推进工作落实”长效机制工作先进乡镇	郑州市委、市人民政府
2013 年	河南省文明村镇	河南省精神文明建设指导委员会

续表

时间	荣誉称号	颁奖单位
2013 年	郑州市“坚持依靠群众推进工作落实”长效机制工作先进乡镇	郑州市委、市人民政府
2013 年	郑州市新型城镇化建设“十强”乡镇	郑州市委、市人民政府
2014 年	郑州市新型城镇化建设“十强”乡镇	郑州市委、市人民政府
2015 年	全省离退休干部先进集体	河南省委组织部、老干部局
2015 年	郑州市平安建设先进乡（镇、街道）	郑州市委、郑州市人民政府
2016 年	河南省文明村镇	河南省委、省政府
2016 年	城市精细化管理工作先进单位	郑州市委、市人民政府
2018 年	郑州市“双迎攻坚”工作先进单位	郑州市人民政府
2019 年	省级卫生先进单位	河南省爱国卫生运动委员会
2020 年	河南省文明村镇	河南省委、省政府
2020 年	“爱国卫生杯”竞赛活动银杯	郑州市人民政府
2020 年	河南省城乡居民两险集中征收工作优秀单位	国家税务总局河南省税务局、省人社厅、省医疗保障局
2020 年	平安建设工作优秀乡镇（街道）	郑州市平安建设工作领导小组
2021 年	郑州市国防后备力量建设先进单位	中共郑州市委、市人民政府、郑州警备区
2021 年	污染防治攻坚战三年行动计划先进单位	郑州市委、郑州市人民政府
2021 年	黄河郑州段突出生态环境问题专项整治工作先进集体	郑州市人民政府
2021 年	郑州市民主法治乡镇（街道）	郑州市委全面依法治市委员会守法普法协调小组
2021 年	郑州市先进基层党组织	中共郑州市委组织部

镇域经济

LOCAL RECORDS OF HUAYUANKOU

农 业

种植业

本区域种植方式一般采取春、秋两季种植，冬前种麦，麦收播种（俗称晚秋），晚秋以高粱、大豆为主，间有玉米、谷子、红薯、芝麻等，也有少量单作，即麦收后不再种植晚秋。

中华人民共和国成立后，经过土地改革，粮食产量稳步提高，但盐卤土质仍然制约着农业的发展。1955 年，辖区筹备在花园口建闸引黄灌溉、放淤改土。同年 12 月，花园口灌区引黄闸动工，1956 年 6 月竣工。1956 年 3 月第二期续建工程动工，年底竣工。1957 年 3 月第三期扩建配套工程动工，6 月竣工，完成了灌区改建和配套工程。到 1961 年年底，累计引水流量 8.52 亿立方米，灌溉面积 53.9 万亩。1964 年 5 月，花园口开始引黄进行稻改示范，在花园口大潭上试种水稻 1041 亩，当年平均亩产 515 斤，引黄稻改示范工程喜获丰收，辖区开始大规模推广水稻种植。1969 年，成立花园口稻改公社和花园口农技站，陆续修建大型电灌站 3 座，申庄虹吸管 1 座，马渡引黄闸 1 座，培育出花粳一号、二号、三号水稻新品种。1971 年，在大庙大队试种稻茬麦，改一季稻为稻麦两熟，种植效益得到提高，平均亩产达到 587 斤。“粮食一枝花，全靠粪当家”，稻改试验小组试验稻肥轮作，引进了紫云英、田菁、毛叶苕等青肥品种，先在大庙大队试种，然后全面推广，凡是

郑州郊区的园田化，花园口人民公社引黄灌溉
魏德忠 摄 河南日报资料图片

花园口人民公社引黄灌溉改造盐碱地引种水稻，社员们正在育秧老照片 河南日报资料图片

1982年老照片 花园口镇政府供图

花园口人民公社种植的绿肥紫云英老照片
河南日报资料图片

1978年，撒化肥百姓合影老照片
新华社朱广智 摄

郑州郊区花园口人民公社社员插秧播种水稻
老照片 张世勋 摄 河南日报资料图片

花园口人民公社老农和女青年正在观察小麦的
长势老照片 河南日报资料图片

花园口人民公社社员在稻田选种，争取明年小稻
丰收老照片 河南日报资料图片

花园口人民公社早稻丰收，社员们正在收割丰收的早稻老照片　河南日报资料图片

收获老照片　惠济区委宣传部供图

郑郊花园口机械厂为农业服务老照片
河南日报资料图片

水稻收割　花园口镇政府供图

紫云英做底肥的地块，水稻生长良好，产量明显提高。改革开放后，实行家庭联产承包责任制，农民种田的积极性被极大地调动起来，粮食平均亩产达到 872 斤，温饱问题基本得到解决。1981 年辖区成功研制小麦免耕播种耧，推广免耕种麦法，免耕种麦面积 6000 亩，占全部麦播面积的 30%，平均亩产达到 1194 斤。1987 年，辖区实有耕地面积 23874 亩，粮食总产量 16253 吨。1990 年，辖区实有耕地面积 23860 亩，粮食总产量 18013 吨，亩产超过 2000 斤，实现了“吨粮田”。1992 年后，由于乡镇企事业建设、居民宅基地增加

小麦收割　惠济区委宣传部供图

改变种植结构后，公社的果树种植　花园口镇政府供图

等原因，粮食播种面积逐年减少。1994 年，辖区实有耕地面积 1540.5 亩，比 1990 年减少了 93.54%。

进入 21 世纪，国家实行免征农业税、种地补贴等政策，减轻了农民负担。花园口镇党委、政府加大投入力度，完善基础设施，推广新农机具，改变种植结构，大力发展特色农业，实现了农业增效，农民增收。

养殖业

中华人民共和国成立前，牛、马等大牲畜和猪、羊、鸡、鸭的饲养量很少，且是私人分散喂养。

中华人民共和国成立后，党和政府重视养殖业，制定奖励政策，鼓励集体饲养牛、马等大牲畜及农户养殖猪、羊、鸡、鸭等。

1969 年，花园口人民公社成立，大力发展养殖业，特别是渔业。1970 年，辖区成立黄鲤捕捞队，把捕到的黄鲤放入鱼库存养，试验黄鲤繁殖。1974 年，开挖郭当口鱼池。1975 年，郭当口鱼池完成，实现 4157 亩的精养渔场，投放 29.9 万尾鱼苗。1976 年，花园口鱼池完成，鱼池面积 100 亩，精养鱼池 9 个，投放 10 万尾鱼苗，并试验莲池养鱼，取得鱼莲双丰收。

郑州郊区花园口公社发展养殖业，公社鸭场的饲养员正在放收鸭群老照片　河南日报资料图片

1973 年，鱼池捕捞老照片　花园口镇政府供图

1972 年，鸭群喂养老照片　花园口镇政府供图

1974 年，公社肉牛养殖老照片　花园口镇政府供图

改革开放后，渔业有了广阔的发展空间。郭当口鱼池收归郊区人民政府管理，花园口鱼池逐步实行个人承包。

1983 年体制改革，个体养殖业有了很大的发展，各村都出现个体养殖专业户，主要饲养鱼、猪、羊、鸡和农用大牲畜。辖区又将东部沿堤地区规划为渔业基地，沿黄村庄个体养鱼专业户大幅增加，养鱼总面积达 1137.5 亩。

1990 年，养殖业开始向规模化、专业化转变，政府引导建立专业协会和合作组织，促进养殖业产业化发展。

进入 21 世纪，东部八堡、申庄、石桥建成无公害水产养殖基地 6500 亩，京水、八堡多处建立奶牛、肉牛养殖基地。

2016 年，沿黄生态保护措施加强，滩区禁养区养殖场全部外迁。

2017 年，花园口镇按照郑州市统一部署，辖区全域划定为禁养区。

花园口“五七”青年农场

在毛泽东主席“知识青年到农村去，接受贫下中农再教育”的号召下，花园口“五七”青年农场于 1971 年 1 月成立，是郑州市郊区 9 个“五七”青年农场之一，场部设在花园口人民公社申庄大队南部。1969 年和 1970 年郑州市的初高中毕业生分期分批陆续来到农村，在新淤的黄泛故道安家落户，大部分由公社拨出土地集体耕田，模仿部队编制共成立 26 个连队，分布在花园口村、石桥村、南月堤村、祥云寺村、弓庄村、八堡村、申庄村等多个村庄。连队设连长、指导员（连长、指导员一般由各机关抽干部担任），每连设贫农代表 1 ~ 2 人，少部分插入各大队和社员一起劳动。至 1973 年，花园口“五七”青年农场总人数达 3541 人，其中男性 1467 人、女性 2074 人。

对于前往农村的知识青年，郑州市政府规定：第一年每人发放 400 元安置费，定量供给知青粮食，每月男 31 斤、女 29 斤，其中 50% 是杂粮，当年秋收后，各农场要自给自足。花园口“五七”青年农场在各级政府的支持、各兄弟单位的大力协助下，加上知识青年的自力更生，艰苦创业，新建住房，打机井，饲养家畜，开挖鱼池，在很短时间内即由国家补助变为自给有余。农机农具日益丰富，农业生产力逐渐提升，至 1973 年，动力设备类拥有农用电动机 43 台、柴油机 45 台，抽水设备类拥有心泵 63 部、机电井 56 眼，运输设备类拥有大拖拉机 4 部、手扶拖拉机 30 部及大量大拖车、小拖车、架子车，粮食加工设备类拥有磨面机、碾米机、饲料粉碎机、切脱机、打稻机等适应不同粮食加工需求的多样化机械，粮食总产量达 148 万余斤。

如四连 111 个知识青年，自己动手，建住房 23 间，打机井 2 眼，饲耕牛 2 头，并养了猪、鸭、鹅等家畜家禽，一年就出售肥猪 10 头。1971 年粮食亩产达 720 斤，实现自给。1972 年亩产达到 802 斤，总产 95632 斤，达到自给有余。《河南日报》以大幅标题赞扬了四连的变化。

再如二连建队在花园口村南边，原邵桥村遗址，这里“四岗三洼一道河”130 亩耕地，实际是沙丘盐碱杂草窝。131 个知识青年大干苦干，一年间平整了全部土地，开挖了 31

条总长 3 千米的排灌渠道，打机井 2 眼，并垫出高于地面 5 寸的平地 10 亩，挖了 2 个鱼池，新建 50 间红瓦房。1972 年粮食亩产 500 余斤，1974 年亩产 800 余斤，1975 年亩产过 1000 斤。二连连续多年被评为先进集体，出席了省、市知青积极分子代表会。

在劳动锻炼过程中，知识青年茁壮成长，先后有 38 名青年入团，22 人加入中国共产党。

党的十一届三中全会以后，大批知识青年抽调回城，同时随着农场生产负责制和多种经营的发展，出现了人少地多的矛盾。为进一步办好知青农场，花园口人民公社于 1982 年向郊区人民政府提出了撤、并、调的请示报告。至 1983 年，花园口“五七”青年农场连队数量减少至 9 个，总人数减少至 252 人。1984 年，知识青年全部迁回城市，但有部分知青后代自愿留在了当地，直到今天。

花园口青年农场老照片　花园口镇政府供图

知青聆听贫农王小生讲解掘堤扒口事件老照片　花园口镇政府供图

1978 年，插队青年在田间选稻种老照片
新华社朱广智 摄

1979 年，花园口知青一连收麦老照片
花园口镇政府供图

林 业

中华人民共和国成立前，本地盐卤过盛，树木不宜成活，林业基础薄弱，黄河大堤树亦不多。

中华人民共和国成立后，政府发动群众在河边、沟边、地边、道旁、渠旁、房前屋后植树，1950 年，辖区年植树 23.94 万余棵。

1969 年，花园口人民公社成立，辖区农业技术员负责专抓农林工作，年植树 27.4 万余棵。

1981 年，开展义务植树活动，经过数年努力，建成了黄河大堤、淤灌河堤、索须河堤、贾鲁河堤和东干渠、京黄公路、郑花公路（现花园路）7 条防护林带，共植树 220 万余棵。黄河大堤临河面的防浪林在 20 世纪 80 年代以栽植柳树为主；90 年代以栽植速生杨为主，林宽 100 米；黄河大堤背河的防护林以杨树为主，林宽 50 米，花园口村、八堡村、申庄村一带的防护林到 2003 年基本成材。

林业之一 马健 摄

林业之二　马健 摄

2003 年后，实施了黄河防护林、防浪林、绿色通道、退耕还林、平原林网达标、国土绿化、S312、黄河生态廊道等一系列重点生态工程建设，截至 2007 年年底共造林 6388 亩，建成高标准绿色通道 5.5 千米，建成苗木花卉基地 4200 亩。

2018—2021 年，义务植树活动累计绿化国土面积 4500 余亩。

旅游业

郑州黄河国家湿地公园

郑州黄河国家湿地公园位于惠济区黄河大堤内侧，东至花园口大桥，西至保合寨 14 号导控坝，南至黄河大堤内侧防浪林北缘，北达南裹头广场，总面积 20385 亩（在花园口镇的面积为 1920 亩），是集湿地保护恢复、科普宣教、科研监测和生态旅游等多功能于一体的生态主题公园，由科普宣教区、休闲娱乐区、滩地探索区、生态保育区、黄河农耕文化区和综合服务区 6 个功能区组成，是 2008 年经国家林业局批复同意建立的河南省首家国家湿地公园试点，2015 年 10 月通过国家林业局的检查验收，2016 年 2 月正式挂牌。

黄河湿地公园航拍　马健 摄

2020 年 8 月 15 日，湿地公园管理权移交惠济区。惠济区将湿地公园提升工程，纳入核心示范区起步区滩地公园建设。

湿地公园内有植物 45 科 185 属 345 种，包含有白茅、芦苇、柽柳、荻等优势群落，还有国家二级保护植物野大豆。观测记录的鸟类有 114 种，其中有国家一级重点保护鸟类东方白鹳、黑鹳等 2 种，国家二级重点保护鸟类白琵鹭、天鹅、普通鸳等 16 种，另有两栖动物 4 种，爬行动物 3 种。先期开放的湿地公园示范园，生态保育面积 3300 亩，景观建设面积 675 亩，建设内容有生态广场、科普长廊、观景栈道、生态水系、休闲廊亭以及观鸟台等。

黄河花园口旅游区

黄河花园口旅游区建设起步于 1989 年，1997 年经郑州市旅游局批准成立黄河花园口旅游区，位于郑州市北郊 18 千米处的黄河南岸，从西往东依次是镇河铁犀、将军坝、花园口涵闸、花园口水文站、西界碑、黄河大桥、一九三八年扒口处遗址、河韵碑林、花园口事件记事广场、普法文化长廊、东界碑等景点。1999 年被评为爱国主义教育基地和对

将军坝　李新华 摄

外宣传的窗口；2002 年经水利部水利风景区评审委员会批准为国家第二批水利风景区；2006 年被评审为国家 AAA 级旅游风景区。

将军坝　位于整个景区的中部，正对景区大门。因大溜顶冲久，淘刷蛰陷深，至今根石深达 23.5 米，为黄河之最。坝体全部采用浆砌石块垒成，曾抗御过 1958 年 22300 立方米每秒流量的洪水。大坝始建于清乾隆十九年（1754 年），距今已有 200 多年的历史。在历次的黄河泛滥中，它始终昂首挺立，没有被冲毁过一次。中华人民共和国成立后，党和政府更是多次对大坝进行加固。

清嘉庆十三年（1808 年）曾在此修建将军庙一座（现闸址处），将军坝也由此而得名。将军庙已不存，今仅存碑记。据原将军庙碑记载：河滨建庙，崇祀河神，所在多有，独九龙将军发祥事迹无稽考，然频年伏秋大汛屡显神威，通工为之利，赖记有之，能御大灾则祀之能捍……据考，九龙将军即陈九龙，清道光二十九年（1849 年）初封为“显应九龙将军”，嗣后历同治、光绪二帝，又 7 次加封，至 1884 年，封号长达 20 字。

镇河铁犀　将军坝西侧有一座铁犀，也叫镇河铁牛、独角兽，是明代兵部尚书于谦主持修铸的。古代，人们认为河患是水怪蛟龙在作祟，而水怪蛟龙又害怕犀牛，于是就在黄河边修建了一座铁犀牛的雕塑，以镇河患，又称镇河铁犀。另外，之所以铸造铁犀，也源

一九三八年扒口处 李新华 摄

于我国古代文化中的五行学说，取五行学说中相生相克之意。五行中铁属金，金生水，金为水之母；五行中牛属坤，坤属土，土性能克水，因此铸铁犀以镇河患。

一九三八年扒口处遗址 扒口处遗址位于黄河花园口景区大门东2千米南侧，大堤桩号11+500处，初始口门宽度30多米，后经冲刷逐渐扩宽到1460米。扒口雕塑墙，呈长方形，墙高3.8米，上面刻着“一九三八年扒口处”8个镏金大字，一组大型浮雕，以流民图为背景，再现了当年河水泛滥、百姓流离失所的凄惨场面。

花园口事件记事广场 花园口事件记事广场建于2004年，建筑面积近3万平方米，广场位于右岸黄河大堤桩号12+000处，西距郑州黄河公路大桥300米。此处是1938年国民政府扒开黄河开口的遗址，有两座亭子作为标志物，其中一座亭子中的石碑上镌刻着花园口堵复经过。广场被黄河大堤一分为二，形成南北两个广场。

北广场矗立着花园口记事广场纪念碑、黄河象雕塑、抗日纪念碑、中日青年林纪念碑和巨幅黄河花园口决堤之后黄泛区平面图。

南广场横卧巨大石刻镌刻镏金大字“花园口事件记事广场”，中间的圆形高台为一个阶梯状的祭坛，祭坛共分三个平台九个踏步，顶部平台直径为12米，底部直径为24米，是南广场的中心地带。广场地坪采用黄河水的回旋形拼出圆形回旋地坪，广场长150米，

花园口事件记事广场——全景　李新华 摄

花园口事件记事广场——浮雕　李新华 摄

宽 80 ~ 120 米，总面积 1.3 万多平方米，与北广场交相辉映、浑然一体。

广场的南部矗立有两座碑亭，中间由一道长 100 米、高 2.8 米的巨型褐红色大理石浮雕墙连接，浮雕墙是广场的主题内容，也是花园口从扒堤到合龙的历史记录。浮雕墙由八个部分组成，分别为：日寇侵华、决堤扒口、洪水泛滥、灾民流离、生态灾害、堵口会谈、复堤斗争、黄河归故。

花园口堵口纪念亭 位于景区东部，东、西两个，相互对称。西侧的又称八卦亭，建于 1947 年，亭内有当时刻立的黄河花园口合龙纪念碑，呈六边形。碑文详细记载了 1946—1947 年花园口堵口复堤工程的经过，工程于 1946 年 3 月 1 日开始，其时口门宽 1460 米，采用打桩、建桥、抛石、平堵的方法，1947 年 3 月 15 日合龙告成。碑上还刻有“济国安澜”和“安澜有庆”八个大字。由于此碑是国民党为自己歌功颂德，因此碑文里掩盖了国民党炸毁黄河大堤的罪恶行径。

东侧的纪念亭建于 1957 年，形制与西侧的相仿。为正视听，还历史以真实，1997 年，河南省政府在亭内刻立黄河花园口掘堤堵口记事碑。碑文按实际情况记述了花园口决堤的原因及堵口的经过，指出花园口决口的真正原因是蒋介石为防止日军西犯而炸毁以及堵复黄河大堤是国共两党合作的事实，纠正了“国民政府”碑文中掩盖事实真相的错误记载。这两座亭造型简洁、寓意深刻，现已成为郑州市青少年爱国主义教育基地。

东西界碑 为使游人对 1938 年掘河有更直观、形象的了解，在东西口门边界处树立了通体白色玻璃钢界碑。界碑采用倒三角金字塔结构构图，给人一种奇峰般的震撼。中间利用人物思索之精处，在视觉上给观者以气势宏伟之感。水浪造型与岩石相拥，象征人与自然；水与堤岸相对的惊险，力透黄河决口之险，又示决口之边界。

郑州黄河花园口普法文化长廊 位于花园口事件记事广场东侧，是一处环境优美、曲径通幽的黄河文化工程，承载着以图文并茂方式集中展现黄河流域风俗民情与厚重黄河文化的功能。长廊建筑风格古朴自然，整体造型以生态廊道方式出现，设计元素取材于万里长城的山海关段，长廊顶部为长城城墙的箭垛形状，中间的休憩凉亭为瞭望台造型，净深总长度 1460 米，寓意 1938 年黄河花园口被人为掘口后的口门长度。

河韵碑林 河韵碑林坐落于黄河花园口景区大门东 1 千米的标准化堤防南部，占地 130 多亩，筹划于 2007 年，石碑材料均为原生态石材稍加雕琢，共刻石碑 82 块，于 2012 年 12 月竣工。

河韵碑林整体布局按黄河实际流域走向进行等比例缩放，分为引路和黄河上、中、下

河韵碑林之一　马健 摄

游四部分，以时间序列为轴线，以文化脉络为骨架集中展现黄河文化。为满足形神兼备的创意效果，采取游览道路和黄河走势合二为一，主路与引路采用不同的色彩以示区别，引路部分主要是伟人名言或题词，上、中、下游石刻内容为历代文人以黄河为题材创作的诗词歌赋。从源头开始，人们可以沿着黄河河道徜徉在碑林，一直走到入海口处，九曲回转，蜿蜒曲折，且走且欣赏碑林书法作品，名诗名句，浓郁的石刻与书法艺术神韵把厚重的黄河文化渲染的淋漓尽致，美不胜收，彰显出黄河工程、黄河经济、黄河文化、黄河生态四位一体协调发展的人水和谐理念。

黄河博物馆

黄河博物馆成立于 1955 年，隶属水利部黄河水利委员会，是我国第一座河流博物馆，也是最早成立的以黄河为主题的自然科技类博物馆，其前身是治黄展览会。1957 年在郑州市紫荆山路 4 号建成了馆舍，馆名定为治黄陈列馆，是当时全国 30 多个博物馆之一。

河韵碑林之二 马健 摄

1960 年闭馆。1972 年，为纪念毛泽东同志视察黄河 20 周年，重新举办治黄展览，遂更名为黄河展览馆，郭沫若题写馆名。随着治黄宣传事业的发展需要、藏品的日渐丰富和功能的日益完善，1987 年 6 月，正式更名为黄河博物馆，由中国第一届书法家协会主席舒同题写馆名。2012 年 9 月 27 日，黄河博物馆新馆建成并对社会开放。新馆位于郑州市花园口镇大庙村，占地 40 亩，建筑面积近 1 万平方米，主展馆展示面积近 4000 平方米。新馆北望黄河，南邻迎宾路，西靠花园路，东接中州大道，地理位置优越。

黄河博物馆是万里黄河的一个缩影，是一座黄河知识宝库，它以“华夏国脉——黄河巨龙的缩影”为主线，分为序厅、流域地理、民族摇篮、千秋治河、治河新篇、和谐之路六个展区，展示了黄河的自然史、文明史、治河史，是广大社会民众了解黄河自然地理、历史文化、水情河情的重要平台。

黄河博物馆现有藏品 1 万余件（套），涵盖历史文物、自然标本、书画、音像图片四大类，已初步形成了具有黄河特色的藏品体系。通过珍贵的文物标本、历史文献、灯光图表和图片，辅以模型、影片、雕塑、场景、三维动画、互动展示屏等，生动展示和介绍了中华民族的摇篮——黄河的地理、地貌、气候等自然概况、灿烂的黄河文化、历代水患灾害、河患治理、水土保持、水资源开发利用、治理开发的远景规划以及在习近平新时代中国特色社会主义思想指引下的治河实践等内容。陈列突出展示1946年以后在中国共产党领导下，经过大规模建设，黄河取得70多年岁岁安澜的辉煌功绩，使饱经沧桑的黄河由历史上肆虐为患的害河变为造福人民的利河。从陈列中还可以了解到20世纪后半期黄河面临的水资源短缺、断流频繁、河道恶化、水生态损害、水灾害严重等黄河新老问题所采取的措施。同时，博物馆还展示了党的十八大以来，黄河水利委员会积极贯彻落实习近平总书记生态文明思想和“节水优先，空间均衡，系统治理，两手发力”的治水思路，着力践行“维护黄河健康生命、促进流域人水和谐”新理念，让黄河更好地造福中华民族等内容。

黄河博物馆以宣传黄河、服务社会为宗旨，始终把社会效益放在第一位，常年对社会免费开放。建馆以来，举办过几十次不同主题的展览，接待国内外观众数百万人次，党和国家领导人毛泽东、刘少奇、周恩来、朱德、陈毅、陈慕华、朱镕基、温家宝、布赫、姜春云曾先后参观过黄河展览。2019年9月17日下午，习近平总书记专程到黄河博物馆参观考察，次日在郑州主持召开黄河流域生态保护和高质量发展座谈会，对保护、传承、弘扬黄河文化作出了重要指示，并发出让黄河成为造福人民的幸福河的伟大号召。

引黄兴利

花园口镇位于黄河出峡谷入平原的首端，河水全靠两岸大堤约束，流速缓慢，泥沙沉积严重。中华人民共和国成立以来，千疮百孔的郑州黄河河道逐步建设成为完整的黄河防洪工程体系，实现了除害兴利的建设目标。堤防、险工、控导、引黄涵闸等水利工程的建设，为黄河岁岁安澜和服务辖区群众提供了坚实基础。

河防工程

郑州黄河段中京广铁路桥以上是峡谷到平原的过渡河段，这里河水流速变缓，从上游挟带的大颗粒泥沙开始沉淀，河道淤积；京广铁路桥以下黄河进入平原，成扇面形向前推进，河水全靠两岸大堤约束，堤距 5.5 ~ 14 千米，河槽宽 1.5 ~ 9 千米，流速缓慢，泥沙沉积严重，形成典型的宽、浅、散、乱摆动游荡性河道。黄河泥沙多集中于伏秋大汛期，在高含沙水流过程中，郑州河段又容易发生“揭河底”“异常高水位”和“水位流量暴涨暴落”等情况，其变化对下游河势会产生连锁反应，对下游河道防洪影响较大。花园口镇作为郑州市沿黄乡镇，辖区的河防工程建设在郑州河防工程建设中占据着重要位置，为黄河岁岁安澜和服务辖区群众提供了坚实的基础。最早的河防是黄河两岸先民为防止洪水浸害田舍，堆积柴草、土、石形成的护围。后经历代发展，河防工程主要有大堤、险工坝埽、河道整治等工程。

堤 防

据史料记载，黄河堤防大致草创于春秋战国，完成于秦汉，西汉以后时有培修。宋朝以前黄河故道不经郑州，但此时已有比较完整的堤防工程。随着黄河的不断南徙，大堤也相继南移。现今郑州北郊黄河南岸大堤为康熙年间所筑。

堤防培修 从黄河大堤始筑，虽历经岁修，但因屡经决溢和人为破坏，至 1948 年 10 月郑县解放时，大堤已千疮百孔，破不堪言。郑州河段堤身低矮、工程单薄，大堤临河背河地面高低悬殊，特别是花园口、石桥等处近代决口遗址，背河积水的潭坑面积大，堤脚常年渗水。

中华人民共和国成立后，黄河下游堤防进行了 3 次大复堤工程：第一次 1950—1957 年，第二次 1963—1967 年，第三次 1974—1983 年。据不完全统计，累计复堤长度 150.474 千米，累计加高 3 米左右（一般一次加高 1 米左右，最低 0.3 米以上，最高达 2 米），完成土方 808.81 万立方米，投资 4603.53 万元。施工方法：第一次复堤采用人工木独轮车填土，人工夯实法施工；第二次复堤采用人工木独轮车和架子车填土，人工夯实和东方红履带式拖拉机碾压法施工；第三次复堤独轮车已不是主要施工工具，逐步被架子车取代，人工夯实逐步被东方红履带式拖拉机取代，20 世纪 90 年代复堤逐步进入机械化施工。

1950 年，黄河第一次大修堤老照片　花园口镇政府供图

1963 年，第二次黄河大修堤老照片　花园口镇政府供图

1976 年，第三次黄河大修堤老照片 花园口镇政府供图

堤防加固 从 20 世纪 50—90 年代，为根除堤身隐患，除培修堤防、修筑坝埽外，还采取捕捉害堤动物、淤临淤背措施进行大堤内部加固，增强大堤内在抗洪能力。按照“千里金堤，溃于蚁穴”的古训，及时清理隐患。

50 年代初，郑州市境内有花园口、石桥等 6 处大潭坑，地势低洼，常年积水，沼泽一片，周围农田碱化、五谷不收。加之沿堤渗水和管涌，引黄淤背固堤成为当务之急。自 1956 年花园口引黄闸建成，又先后建成申庄虹吸、东大坝提灌站、石桥电灌站等 17 处引黄设施，以放淤为主。至 70 年代初，郑州市辖境内堤背、潭坑全部淤平。淤平潭坑后，接着开展放淤固堤工程，除利用建成并充分发挥效益的引水、扬水、虹吸、提灌站外，还成功研制了泥浆泵，配合购置的吸泥船在大堤薄弱地段进行放淤固堤工程。

2004 年，标准化堤防建设完成，郑州黄河堤防相应大堤桩号 1–172 ~ 70+250，全长 71.422 千米。堤顶超高 2000 年设计防洪水位 3 米，堤顶宽度 10 ~ 12 米，边坡一般为 1 ∶ 3，堤顶高程范围 101.99 ~ 88.36 米，堤身高 7 ~ 10 米；淤背区宽度 100 米，顶部高程平 2000 年设计防洪水位；堤顶硬化长度 70.75 千米，相应大堤桩号 0–500 ~ 70+250；主要上堤路口 29 个。

险 工

清顺治十八年（1661 年），为防止河水冲淘堤岸，郑州黄河险工开始建设，清光绪二十八年（1902 年）形成体系，由单一的护岸埽段发展成坝、垛、护岸等。中华人民共和国成立后，大规模加固坝埽工程。相应大堤桩号 0+300 ~ 49+270，险工长度 51.125 千米，占堤防长度的 72%。建有 11 处险工，其中，花园口险工、申庄险工在花园口镇辖区内。

花园口险工 始建于 1754 年，位于郑州市北 18 千米，西起花园口枢纽泄洪闸以东，止于赵兰庄，大堤桩号 6+663 ~ 16+738 处；上接南裹头险工，下连申庄险工；工程长度 10075 米，裹护长度 9040 米；建设单位工程 152 个（其中坝 41 道、垛 48 个、护岸 63 段），东大坝下延工程及花园口引黄闸 1 座（大堤桩号 10+915），东大坝提灌站 1 座（大堤桩号 12+720）。该险工从 1862—2013 年，150 多年间迎溜靠河，基本未脱河，是黄河南岸防御洪水的重要屏障。主坝 11 道，即 1 号、3 号、5 号、7 号、9 号、14 号、15 号、90 号、127 号、129 号、137 号。主坝 90 号坝（又称将军坝）建于清乾隆十九年（1754 年），清嘉庆十三年（1808 年），在此处修建将军庙一座，由此而得名“将军坝”。该坝根石深达 23.5 米，是黄河下游坝垛根石最深的一道坝。主坝 127 号坝及其 14 个附垛又称东大坝，长期起迎送大溜作用。

申庄险工 始建于 1736 年，由东六堡以西大堤开始，到石桥大王庙止，位于大堤桩号 16+738 ~ 22+800 处；上接花园口险工，下连马渡险工；工程长度 6062 米，裹护长度 6708 米；建设单位工程 142 个（其中坝 37 道、垛 40 个、护岸 65 段）。整个险工是一个

花园口险工 李新华 摄

申庄险工之一　花园口镇政府供图

申庄险工之二　惠金河务局供图

呈“凹”字形的御溜工程，由于大多坝体长度较短，挑溜作用不大，仅起顺溜导向作用。主坝 3 道，其坝号为 1 号、118 号、123 号。2003 年，按标准化堤防要求全部进行改建。

河道整治

古代黄河防洪仅依靠大堤，任其溜势变化，河道工程因河变而设，处于被动治河地位。民国以后郑州辖区的黄河河势南趋，滩区面积逐渐减少，河床淤积严重，槽高滩低的“悬河”局势日趋严重，一遇中常洪水除少数高滩外，其余全部漫水。中华人民共和国成立后，根据黄河河道特点，郑州黄河段完成多个河道整治规划的布点工程。控导工程建成后，两岸对应约束水流，主溜摆动范围减小，河槽缩窄 2 ~ 4 千米，主溜受控，滩区面积逐年扩大，河势和岸滩相对稳定。其中，东大坝下延控导工程在花园口辖区内。

东大坝下延控导工程　始建于 1984 年，位于大堤桩号 13+850 处，在花园口险工东大坝生根。工程上迎对岸马庄控导工程来溜，下送溜至对岸双井控导工程。规划工程长度 1000 米，弯道半径 5600 米，已建工程长度 1000 米，裹护长度 1000 米，丁坝 8 道。该工程均为传统水中进占坝，根石基础深度一般在 8 米左右。修建后，曾多年靠河着溜，几经抢险，基本相对稳定。

中华人民共和国成立后，按照“根除黄河水害，开发黄河水利”的治河方针，从 1956 年开始，兴建引黄涵闸、虹吸工程、提灌站等水利工程，放淤改土，彻底改造沿黄一带的盐碱地、沙化地，为郑州地区工农业生产和城市用水作出巨大贡献。进入 20

世纪90年代后，由于黄河水量逐渐减小，部分引黄工程完成淤灌任务被拆除或因缺水而停用。截至目前，黄河花园口河段还在运行的引黄工程有花园口引黄闸、东大坝提灌站等。

引黄工程

花园口引黄闸 位于黄河南岸，大堤桩号10+915处，为I级水工建筑物。建于1955年12月至1956年6月，为3孔涵洞式水闸。1980年10月进行改建。2014年进行了除险加固处理。2015年9月拆除重建。工程主要建设内容包括：闸室、涵洞、上下游连接段、闸室上部结构以及金属结构和电气设备安装，管理房拆除重建，花园口引水泵站前池改建等，仍为I级水工建筑物。改建后主要技术指标为：将闸室沿原轴线向临河前移5米。为3孔钢筋混凝土厢型涵洞式水闸，闸室长12米，后接涵洞10节，每节8.9米，洞总长89米，每孔净宽净高均为2.5米。设钢筋混凝土闸门，30吨手摇电动两用螺杆启闭机。闸底板高程86.79米（比原闸底板降低1.5米）。设计防洪水位96.40米，校核水位97.40米。引水流量20立方米每秒，加大流量35立方米每秒，以改善城市供水及灌溉用水需求。

东大坝引黄闸 位于大堤桩号12+720处，为I级水工建筑物。建于2007年3—6月，为2孔涵洞式水闸，孔口尺寸高3米、宽2.5米，闸底板高程86米，设计引水流量15立方米每秒。闸后渠道分为两条，分送东大坝提灌站和郑州中法原水有限公司引黄闸。

东大坝提灌站 位于黄河右岸大堤桩号13+150处，管理单位为郑州市引黄淤灌处。设计最大引水流量10立方米每秒，设计灌溉面积2.6万亩，有效灌溉面积1.75万亩。该提灌站自1969年建成后共进行了两次改建：1989年主要是对泵房进行改建，1998年主要是对机泵进行改建。2005年，黄河水利委员会批准年取水量300万立方米，属农业用水，2010年取水许可证换证时，将东大坝提灌站取水权进行了变更，由渠首闸东大坝引黄闸作为取水工程，批准年取水量仍为300万立方米。

申庄虹吸 位于黄河右岸大堤桩号21+000处，花园口镇申庄村东北，建于1969年6月。设虹吸管两条，管内径0.96米，每管长42.7米，可抽水4立方米每秒，设计防洪水位92.3米，设计灌溉水位，临河89.2米、背河88.4米。控制点高程：空气室管底管中心93.4米，圆活节球中心92.8米，出水口88.7米，静水池85.4米。1969—1975年间淤平了

花园口引黄闸 马健 摄

东大坝引黄闸 花园口镇政府供图

石桥老口门的大潭坑和背河堤脚的低洼地带，共淤填土方 168.88 万立方米，完成淤背任务后，于 1984 年拆除。

石桥电灌站 位于黄河右岸大堤桩号 23+200 处，花园口镇石桥村北，1970 年 9 月动工，1971 年 7 月竣工。装机 3 组，设计提水流量 3.3 立方米每秒，主要是淤背固堤，从石桥村北的石沟以北到马渡村淤土方 40 万立方米，于 1988 年 6 月拆除。

引黄淤灌

中华人民共和国成立后，郑州地区农田水利工程逐渐形成较完整的水利灌溉网络，仅花园口就有干、支渠 61 条、77 千米，排水干、支渠 72 千米，灌溉总面积 258 平方千米，受益人口 11.35 万人。

虹吸工程引黄灌溉老照片　花园口镇政府供图

郑州堤段自1956年建成花园口引黄闸后又建成申庄等大小引黄工程17处，利用这些引水工程放淤改土，先后淤平花园口、石桥等6处大潭坑，彻底改造了沿黄一带盐碱、沙丘等不毛之地，特别是因1938年黄河掘口而严重沙化的土地得到根本性改造。1964年，河南省农业科研部门在花园口淤平的大潭坑上实验稻改面积1041亩，当年获得成功。1969年在沿黄13个大队的基础上成立花园口公社，专门种植水稻。

20世纪90年代，由于城乡建设发展用水增加和黄河流域水量持续偏少，农业引黄灌溉面积逐年减少。至2000年，花园口引黄闸实际灌溉面积仅4950亩，东大坝提灌站实际灌溉面积仅17550亩。

黄河水利委员会花园口水文站

黄河水利委员会花园口水文站简称花园口水文站，位于花园口镇花园口村，成立于1938年7月，距河源4696千米，距河口768千米，控制面积73万平方千米，占黄河流域面积的97%，由“民国黄河水利委员会”建立，郑县解放后，由华北人民民主政府黄河水利委员会接收，是黄河下游的第一个水文站，是国家级重要水文站、黄河下游防洪的标准站、水量调度决策的依据站，承担着水位、流量、降水量、泥沙等监测任务，为黄河防汛、抗旱、水资源管理与调度提供重要水文信息服务。

2002年6月，花园口水文站成为黄河上第一个数字化水文站，具有快速采集、处理、传输实时水情，快速对历史水文资料进行检索，快速查询全河的水情、天气、气象信息和其他数据信息的优点。先后引进了侧扫雷达测流系统、同位素测沙仪、远程视频监控等先进仪器设备；投入应用自主开发的泥沙数据处理系统、多船联测软件；雨量观测场进行标准化改造，使观测手段更加规范；Cs34断面及测船上安装无线网桥，实现了雨量、流量、含沙量测量及CORS定位、视频监控等数据实时传输；现代化的水情会商室以前端液晶显示屏与后端计算机工作站为载体，接入业务平台、水情报汛系统，实现了测区雨水情势综合显示、干流及伊洛沁河把口站实时水情和历史洪水对比分析等会商功能；接入了黄河水文水情会商系统，可以实时查看全河的雨水情势和视频监控，随时可以对全河水文测报进行研判分析、指挥调度，实现了“前沿指挥部”的功能。

郑州黄河河务局惠金黄河河务局

郑州黄河河务局惠金黄河河务局简称惠金河务局，前身为华北人民政府黄河水利委员会河南第一修防处广郑修防段。1983 年 6 月，成立郑州市郊区黄河修防段（简称郊区修防段）；1990 年 11 月，更名为郑州市邙山金水区黄河河务局（简称邙金河务局）；2004 年 9 月，更名为郑州黄河河务局惠金黄河河务局。

惠金河务局，位于河南省省会郑州市惠济区，是郑州市惠济、金水两区黄河河道的主管机构。担负着郑州市惠济区和金水区辖区内黄河防洪抢险任务、工程建设与管理、水政水资源管理，监督指导滩区安全建设等任务。辖区位于黄河下游右岸，上接荥阳、下连中牟，是黄河进入开阔平原首冲之地。所辖河段为国家Ⅰ级河道Ⅰ级堤防，河道长度 41 千米、堤防长度 32.14 千米，辖区内有 6 处险工、3 处控导及 3 处引黄涵闸，坝垛护岸共 577 个单位工程。河段宽、浅、散、乱、悬，属于典型的地上游荡型悬河，历来是黄河治理与防守的重点。

惠金黄河，因 1938 年“掘堤事件”而举世闻名的花园口所在地，是党和国家各级领导视察黄河，以及众多国内游客、海外游子亲睹母亲河的首选之地，更是世界透视黄河的

惠金河务局——让黄河成为造福人民的幸福河　李新华 摄

惠金河务局荣誉展厅　李新华 摄

重要窗口。年均接待国内外游客300余万人次、公务接待量4600余人次。自1996年首批进入国家一级河道目标管理单位以来，工程管理多次以高分成绩稳居国家一级水管单位行列。荣获国家AAA级旅游区、国家级水利风景区、水利工程最高奖“大禹奖”、省级文明单位等多项荣誉。

郑州市引黄灌溉工程管理处

郑州市引黄灌溉工程管理处位于花园口镇花园口村，成立于1954年，前身是郑州市引黄淤灌处，隶属于郑州市水利局，副县级全供事业单位，是郑州市花园口引黄灌区和郑州生态水系花园口水源工程专管机构。单位自成立以来，先后承担了淤地造田、农业灌溉、城市生活供水、城市生态供水任务。目前主要负责对郑州北部“三河一渠一湖”（索须河、贾鲁河、魏河、东风渠及郑东新区龙湖）实施供水工作。

文物胜迹

花园口镇文物胜迹以中国大运河通济渠郑州·花园口段、黄河花园口掘堤扒口处为代表。其中，中国大运河通济渠郑州·花园口段为中国大运河世界文化遗产组成部分，黄河花园口掘堤扒口处为第五批河南省文物保护单位。

LOCAL RECORDS OF HUAYUANKOU

世界遗产——中国大运河通济渠郑州·花园口段

中国大运河通济渠郑州·花园口段位于花园口镇辖区内，由惠济区新城街道常庄村入花园口镇花园口村。2014 年 6 月 22 日，中国大运河世界文化遗产申报项目在联合国教科文组织世界遗产委员会第 38 届会议上通过审议，成功列入《世界遗产名录》。

公元前 360 年，魏国为引水灌溉农田、便利黄河两岸交通往来，开凿鸿沟。公元 605 年，隋炀帝征发民夫百万余，在鸿沟的基础上开凿了通济渠，通济渠的开通，连接了淮河与黄河。由此，战国时期开凿的鸿沟水系，历经汉魏汴渠、隋唐通济渠、北宋汴河等各个时期，成为两汉、隋、唐、北宋时期的经济命脉，发挥了巨大的漕运作用。南宋时期，由于黄河的泛滥，大运河通济渠郑州·花园口段被淤废。元至正十一年（1351 年），贾鲁开凿贾鲁河，沟通黄淮水系，通济渠郑州·花园口段成为贾鲁河的一部分。明清时期，通济渠郑州·花园口段对沿河区域的经济、文化发展仍发挥着重要作用。清朝末年，逐渐淤废。

中华人民共和国成立后，对大运河进行大规模的整修，使其重新发挥航运、灌溉、防洪和排涝的多种作用。1955 年 11 月，在大幅度提高农业产量，以支援工业建设的前提下，花园口引黄淤灌工程动工，索须河北支改道（淤区工程）为其中一部分。1956 年因工程土质差和上游贾鲁、索须发水，淤区被冲毁。1957 年又进行了以淤区为主的改建和修复工程。1958 年，东风渠总干渠开挖，截断上游，下游故道作为输水干渠，导致河道淤垫严重。1966 年，为解决当地稻田排水问题，对索须河花园口段进行了一次冲直与疏浚工程。1977 年，稻区面积扩大，为降低地下水位，压盐洗碱，排除内涝，彻底解决花园口、老鸦陈、柳林、祭城 4 个公社的排水问题，郊区区委组织索须河花园口段的疏浚改道工程，对东风总干渠至祥云寺段裁弯取直、加深加快、两面复堤，由祥云寺东改道正南开挖新河，直接汇入贾鲁河。2002 年，大运河被纳入了“南水北调”三线工程之一，成为中国南水北调东线工程的重要环节和通道。

2014 年，郑州市对索须河段进行分段提升治理，治理工程总长 13.45 千米，工程投资合计 2.04 亿元，西起北四环桥，东至祥云寺，以天河路、花王桥、中州大道为节点分为四期工程。花园口镇辖区涉及花王桥至中州大道段的三期工程和中州大道至祥云寺的四期工程，包含河流形态调整、堤防改造、拦蓄水建筑物、绿化及配套设施等工程，以生态修复、健身游憩、运河文化三位一体的总体格局，还城市一条贴近自然的生态河道。

花园口索须河大桥边的黄河楼　李新华　摄

通过生态堤岸、浅滩深潭、海绵河床，恢复河道的自然净化能力；通过车行道、连续步行道、蜿蜒的水面，营造放松休闲的安静环境；宣扬运河文化、水利知识科普互相呼应，对古运河重新解读，赋予其新时代的精神。根据沿河文化景观六个展示点的地形地貌和要求，建设六座唐代建筑风格的保护展示亭，亭内设置展示碑，体现运河遗产的文化意义和景观效果。

黄河花园口掘堤扒口处

黄河花园口掘堤扒口处为第五批河南省文物保护单位，位于花园口镇花园口村北部，包括掘堤处纪念碑、花园口记事广场、雕塑墙 3 处遗迹。1938 年 6 月，国民党军为抵御日本侵略军西犯，以水代兵，在郑州花园口扒开黄河大堤，阻挠了日本侵略军从郑州沿平汉铁路进攻武汉的企图。1947 年 3 月，国民政府实施花园口堵口合龙。此次掘堤，造成黄河改道长达 8 年零 9 个月之久，给中国人民造成了巨大灾难。豫、皖、苏三省 44 县受灾，死亡人口达 89 万。

河南省文物保护单位——黄河花园口掘堤扒口处　李新华 摄

一九三八年扒口处　李新华 摄

花园口扒口现场老照片　惠济区委宣传部供图

堵口前口门老照片　花园口镇政府供图

1938年，花园口掘堤时，口门宽约30米，后经洪水不断冲刷，最宽时达1460米，决口口门界碑就标出了口门最宽时东西两侧的位置。掘堤纪念碑高14米，标出了当年扒开大堤的确切位置。花园口记事广场雕塑墙包括八个画面，分别是日寇侵华、决堤扒口、洪水泛滥、灾民流离、生态灾害、堵口会谈、复堤斗争、黄河归故。

黄河花园口掘堤扒口处遗址再现了当年国民党以水代兵抵御日军之历史事件，也是洪水无情、巨大灾难之见证。

特色文化

非物质文化遗产

蛋 雕

2008 年，蛋雕被列入郑州市市级非物质文化遗产名录。

蛋雕是一种集绘画、雕刻艺术于一体的传统民间技艺，原料简单，制作精美，有很强的生命力。蛋雕是在不足两根头发丝厚的蛋壳上用浮雕、镂雕等技艺雕刻出各种精巧的图案。蛋壳雕刻属微雕，用刻刀雕刻，刻刀有多种，刀法也有多种，刻出的成品像素描画，有层次感，有明暗远近、虚实之分。传承人是花园口镇京水村虎占林。其蛋雕作品大多取材于民间传统文化，既有寓意吉祥的龙、凤、虎、鹤，又有中国古代名著《西游记》《红楼梦》中人们喜闻乐见的各种人物角色。

花园口剪纸

2008 年，花园口剪纸被列入第一批郑州市市级非物质文化遗产名录。

花园口剪纸是一种集绘画、剪刻艺术于一体的传统民间技艺，历史悠久，流传广泛，从题材内容到艺术形式均显露出浓郁的时代色彩。其剪纸技法除了传统的直剪、掏剪、折剪、破剪、虚剪外，还包括扎剪（即通过剪刀或刻刀、坠子等尖状物用扎的方法在平面上表现图形，也就是现在平面构成里的以点代线和以点带面），传承人是花园口镇张贤。作品内容题材既有花鸟草虫、十二生肖、神话传说和山水百兽，又有《万里长城》《黄河母亲》《习主席视察黄河》等，展现了民间风俗与时代风采。

风土民情

LOCAL RECORDS OF HUAYUANKOU

土特名产

花园口大米

花园口镇毗邻黄河，得黄河水灌溉之利，稻米产量稳定，米质优良，素有“鱼米之乡”美誉。1985 年，花园口农技站培育出的“花粳二号”粳稻大米获得河南省第一届优质米评比第一名，同年在全国优质米评比中获得金奖，并在全国 20 多个省（自治区）得到引种，播种面积达 1500 多万亩。2004 年 12 月，花园口大米通过农业部农产品质量安全中心认证。

花园口水稻老照片　惠济区委宣传部供图

郑州郊区花园口人民公社千顷稻田似锦绣老照片 张世勋 摄 河南日报资料图片

稻田老照片 惠济区委宣传部供图

晶莹剔透的大米　马健 摄

黄河鲤鱼

花园口镇处于黄河“豆腐腰”地段，地势平坦，河槽宽阔，水流和缓，黄河上游冲刷下来的大量泥沙、树叶、杂草、虫类汇集于此，为有杂食习性的黄河鲤鱼提供了丰富的饵料。因此，花园口一带的黄河鲤鱼生长迅速，金鳞赤尾，背宽体厚，肉质鲜美，营养丰富，是驰名中外的上等佳肴。除自然捕捞外，也可人工饲养。以黄河鲤鱼为食材，能制作出成桌的全鱼席或烹制个鱼，可红烧、干炸，亦可清蒸、软溜。特别是糖醋溜个鱼更具代表性，该菜上桌，糖醋汁挤眼泛泡，肉嫩如脑，甜、酸、咸三味俱全，互不夺味。另外，个鱼还有二吃、三吃，吃法听客任选。

黄河大鲤鱼　花园口镇政府供图

1973 年，公社渔场喜获丰收老照片　新华社供图

生活习俗

花园口人杰地灵，物产丰饶，逐渐形成了一些独具特色的风俗习惯。随着社会的发展，时代的变迁，一些风俗也发生了根本的改变。

婚姻习俗

中华人民共和国成立前，青年男女到了结婚年龄，父母就要为儿女寻媒订婚，准备彩礼。旧时，两家联姻，普遍是请媒人说合，能不能成亲，通常是父母做主。

经过说亲，若两家都认为门当户对，子女年龄相当，便择定良辰吉日，互换庚帖，即为订婚，男女双方从此成了儿女亲家。

男女到了结婚年龄，男方家便选择吉日，把庚帖和彩礼请媒人送到女方家，叫作送好。女家同意便订下婚期，婚期既定就不能更改，无论刮风下雨都要如期举行。

迎娶之日，男家张灯结彩，准备酒宴，用大红纸写红喜对联，剪“囍”字贴在门口，新郎新娘行拜堂之礼，亲戚朋友齐来庆祝，喝喜酒。

婚后第三天，新娘回娘家，新郎同去，叫作“回门”，也是婚礼程序中的一项通礼。女方家设宴接待新女婿，新娘回门后，婚礼结束。

中华人民共和国成立之后，青年男女，经过自由恋爱，深入了解，确定关系，办理结婚登记手续，然后举行婚礼。

生育习俗

做九，是婴儿来到世间的第一个盛大节日，于是摆宴做九，亲朋庆贺。花园口镇一直盛行此俗。后来做九就不一定非要放在第九天，也可以是十天、十二天、满月、百天等。

做九筵席丰盛，但必有面条，取其长生之意，称之“喜面条”。客人走时主人回赠红鸡蛋、喜糖等。近几年多到饭店设宴做“满月九”，答谢宾朋。

祝 寿

老人到 60 岁后，每逢生日，儿女买蛋糕、酒肉等为老人祝寿。20 世纪 90 年代后，不少家庭为老人祝寿到酒店或饭店举行。一般要有长寿面，开宴要点生日蜡烛、唱生日歌、吃蛋糕。祝寿这种古老的习俗，表达了人们的美好愿望，增进长辈与晚辈的感情，体现出浓浓的亲情和中华民族的传统美德。

岁时节俗

春 节

春节指农历正月初一，花园口镇俗称过年，讲究家人团聚、走亲访友。进入腊月，即农历十二月，辖区居民就开始筹备过年。腊月初八吃“腊八粥”，粥多用莲子、山药、百合、桂圆肉、红枣、薏米、江米加冰糖等熬制而成。腊八粥要有剩余，吃到祭灶，寓意来年五谷丰登，年年有余。腊月二十三为祭灶，辖区居民在祭灶这天晚上有吃灶糖的习俗。从腊月二十三到三十，花园口镇居民便开始准备年货，迎接新年，至今本地区仍流传着这样的顺口溜：“二十三祭灶官，二十四扫房子，二十五割豆腐，二十六买年肉，二十七杀年鸡，二十八把面发，二十九蒸馒头，大年三十挂灯笼贴春联。”除夕晚饭吃团圆饭，彻夜不眠，称“守岁”。春节早上长辈给晚辈儿童发“压岁钱”，多少不等。正月初二走娘家，婚后妇女在初二这天回娘家看望父母。正月初三为去世长辈上坟，寄托哀思。正月初五后，春节的气氛渐淡，过初七后大年基本结束，但年气全部结束，则要等到正月十五元宵节、正月十九添仓节后。

元宵节

农历正月十五为传统元宵节，正月为元，宵为夜，因此古时也称元宵夜。正月十五、十六两天，花园口镇家家户户包饺子、吃元宵，不少家庭在门前悬挂灯笼，辖区仍然保留着闹元宵的习俗。1999 年元宵节花园口镇举办首届民间艺术节，各村文艺队伍表演舞龙、舞狮、旱船、高跷等文艺节目，增加节日喜庆祥和气氛，使居民的节日生活更加丰富多彩。

清明节

清明时节，气温升高，雨水渐多，正值春耕春种的大好时节，花园口镇有“清明前后、种瓜点豆”的俗语。清明节上坟祭祖扫墓、怀念故人是花园口镇悠久的风俗习惯。辖区机关团体、学校也常在清明节前后组织春游和植树活动。

端午节

农历五月初五为端午节，是花园口镇传统节日之一。花园口镇端午这天有门头插艾草、吃饺子、炸糖糕、吃粽子的习俗，姑娘们会用各种细布缝制香草布袋，送给亲人，避蚊虫叮咬。

中秋节

农历八月十五是中秋节。农历八月在秋季中间，叫“仲秋”，八月十五又是仲秋之中，故称“中秋”。中秋是花园口镇民众一年中较大节日，群众白天备酒菜招待亲朋，晚间设月饼、瓜果赏月祭月，有合家团圆之意。

重阳节

重阳节在每年农历九月初九，因《易经》中把“九”定为阳数，九月九日，两九相重，故而叫重阳，也叫重九。由于“九九”谐音是“久久”，有长久之意，传承至今，重阳节更成为尊老、爱老、敬老、助老的节日。在这天，花园口镇辖区各村举行“庆重阳”文艺汇演，组织慰问老年人，开展“敬老爱老”主题活动，为老年人健康义诊、免费理发、打扫卫生，陪老年人聊天，给他们送去关怀和温暖。

冬 至

冬至是农历二十四节气之一，这一天太阳运行到南回归线上，所以这一天的白天最短，夜间最长。花园口镇有“短不过冬至，长不过夏至，吃了冬至饭，一天长一线”的俗语。冬至这一天花园口镇有吃饺子的习俗。过了冬至也就意味着进入一年最为寒冷的季节，农历以“九”计算冷天，九天算一九，算到十个九，冷天过完，所以冬至又叫“交九”。辖区流传着“一九二九伸不出手，三九四九冰上走，五九六九抬头看柳，七九八九大甩手，九九杨落地，十九杏花开”的俗语。

方言土语

方 言

不识闲儿（不停歇）
麻汤（油条）
小（xiáo，儿子）
栽嘴（打瞌睡）
不得劲儿（不舒服）
不老盖儿（膝盖）
那枪（那边）
抵脑报（后脑勺）
肚膜脐儿（肚脐眼）
小虫（麻雀）
扁食（饺子）
吃桌（吃宴席）
瞎话篓（爱说谎）
土坷垃（土块）
擦黑儿（傍晚）
秋明儿（清明）

玉蜀黍（玉米）
灯篓儿（灯笼）
一拃（zha，张开大拇指和中指量东西）
长虫（蛇）
搦住（握住）
大大（大娘）
小薄就（小辫子）
板跌（摔倒）
谷堆（蹲下）
鼻窟窿儿（鼻孔）
胳老肢儿（胳肢窝）
农捏儿（刚才）
糟脑（挨批评）
直背（bou）儿（一直）
垫糠（垃圾）

歇后语

京水街扒房——何必（河逼）嘞
鸟入笼中——有翅难飞
锦上添花——好上加好
卒子过河——勇往直前
纸老虎—— 一戳就穿
小和尚念经——有口无心
外甥打灯笼——照旧（照舅）
雨打黄梅头——倒霉（倒梅）
半两棉花——免谈（免弹）
秃子打伞——无法无天（无发无天）
张飞使计谋——粗中有细
诸葛亮弹琴——计上心来
曹操遇蒋干——倒了大霉
诸葛亮的鹅毛扇——神秘莫测
曹操杀华佗——讳疾忌医
诸葛亮借箭——有借无还
八仙过海——各显神通
泥菩萨过江——自身难保
孔夫子搬家——净是书（输）
打破砂锅——问到底
虎落平阳——被犬欺
画蛇添足——多此一举
箭在弦上——不得不发
芝麻开花——节节高
新官上任——三把火
瞎子点灯——白费蜡
兔子尾巴——长不了
偷鸡不成——蚀把米
王婆卖瓜——自卖自夸
井底行船——处处碰壁
鸭子凫水——暗中使劲

艺文

LOCAL RECORDS OF HUAYUANKOU

清《郑工合龙处碑》

清光绪十四年（1888年），河东河道总督吴大澂立石于河南郑州下汛十堡东（今郑州市花园口镇石桥村西）。碑高286厘米，宽76厘米，厚15厘米。碑阳隶书“郑工合龙处”，碑阴篆书碑记铭文。

光绪十三年（1887年）八月，河决郑州下汛十堡东，夺溜由贾鲁河入淮，十五州县受灾，灾民180余万人。河道总督觉罗成孚等分别受惩，新任河道总督李鹤年总理堵口事宜，历时半年工未成，被革职。朝廷又令吴大澂署理河东河道总督，接办堵口工程。吴到任后查勘工程，日夜督工，引进技术，运筹帷幄，终于十二月十九日合龙。郑州黄河堵口工程宏大，史称“郑州大工”。合龙后吴大澂等勒石纪之。

《郑工合龙处碑》碑文：

郑工堵筑决口，经始于光绪十三年十二月二十日，讫光绪十四年十二月十九日竣工。

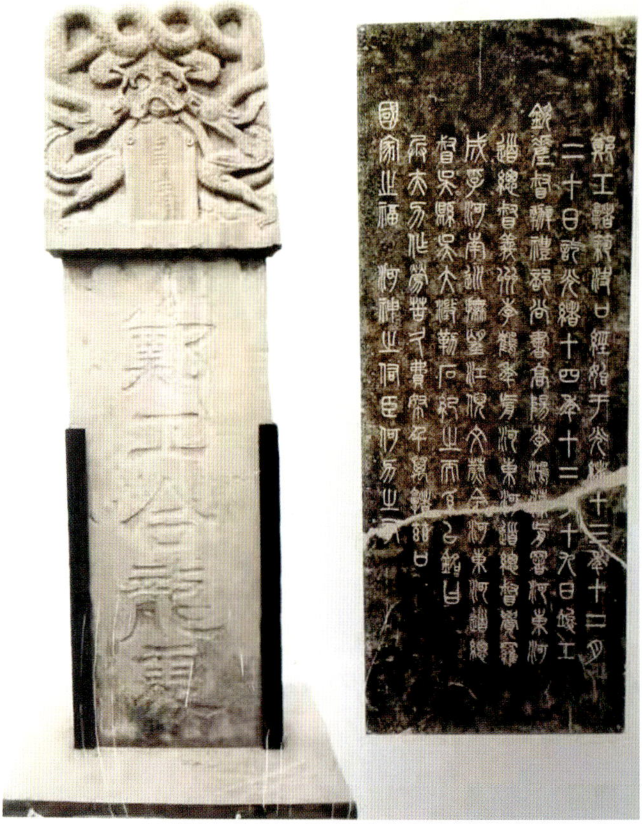

石桥合龙堵口碑　黄河博物馆供图

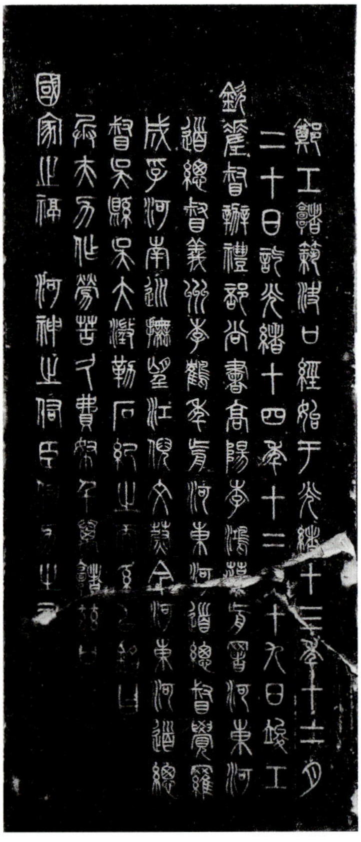

石桥合龙堵口碑碑文　黄河博物馆供图

钦差督办礼部尚书高阳李鸿藻、前署河东河道总督义州李鹤年、前河东河道总督觉罗成孚、河南巡抚望江倪文蔚、今河东河道总督吴县吴大澂，勒石纪之，而系一铭。曰：兵夫力作劳苦久，费帑千万堵兹口。国家之福，河神之佑，臣何力之有。

河南省人民政府、水利部黄河水利委员会《黄河花园口掘堤堵口记事碑》

《黄河花园口掘堤堵口记事碑》位于黄河花园口水利风景区花园口事件记事广场东侧纪念亭内，为一九九七年八月二十八日河南省人民政府、水利部黄河水利委员会所立。

碑身共六面，其中一面为：

河南省人民政府　水利部黄河水利委员会

黄河花园口掘堤堵口记事碑

一九九七年八月二十八日立

其余五面为：

一九三八年五月十九日，徐州失守，日本侵略军沿陇海路西犯。中国国民政府军事委员会六月一日策定：将豫东二十万军队调往豫西山地，作战略转移，并掘黄河堤放水，以阻滞侵略。六月四日，敌军逼近开封，第一战区第二十集团军五十三军一团奉命在中牟赵口掘堤，在三十九军一团的协助下，次日晚八时炸开，水流不畅，又因黄河流势北移，改在花园口掘堤。六月六日夜半，新八师参谋熊先煜等六人上堤选址。经两昼夜的突击，掘堤成功。十一日正值黄河涨水，赵口与花园口的泛水汇流。十一月花园口夺流。一九三九年冬，日军堵塞赵口。花园口泛滥八年零九个月，口门宽达一千四百六十米。

当时，泛水漫延，日军沿陇海路西犯计划遭到阻挠，改由山路和沿长江逆流进攻武汉。

花园口大堤掘开后，泛区滔滔，一股沿贾鲁河，经中牟、尉氏、开封、扶沟、西华、淮阳、周口入颍河至安徽阜阳，由正阳关入淮河；另一股自中牟顺涡河，过通许、太康至安徽亳县，由怀远入淮，泛水波及44个县市。据国民政府行政院在抗日战争胜利后的统计，共淹耕地844259公顷，逃离3911354人，死亡893303人。

抗日战争期间，中国共产党领导故道两岸军民英勇斗争，创建了冀鲁豫及渤海两解放区，故道河床内四十万人民垦种农田，为支援抗战作出了贡献。抗战胜利后，国民政府于一九四六年三月一日开始堵塞花园口口门。由于在八年抗战中，故道堤坝工程遭到严重破坏，需大力修复，同时，还需迁出河床内居民，以免黄河归故后造成新的灾害。为此，中国共产党提出“先复堤，后堵口”的基本主张，与国民政府行政院水利委员会、黄河水利委员会、联合国善后救济总署、行政院善后救济总署等各方代表进行了黄河归故的谈判。

一九四六年三月三日，黄河水利委员会委员长兼堵复局长赵守钰到新乡会晤军事调处执行部的代表张治中、周恩来、马歇尔。此后，各方代表先后会商了十数次。

四月七日达成的《开封协议》：“堵口复堤同时并进，但花园口合龙日期须俟会勘下游河道堤防淤垫破坏情形及估修修堤工程大小而定。”次日，赵守钰、陶述曾、塔德等赴黄河下游解放区查勘堤防情况。返途中，于四月十五日达成的《菏泽协议》明确指出：“复堤修河，裁弯取直，整理险工等工程完竣后，再行合龙放水……”故道河床内“新建村由黄委会呈请行政院每人发十万元（法币）迁移费。”国民政府无视上述协议。四月二十八日，副总参谋长白崇禧偕郑州绥靖区主任刘峙等仍至花园口督导堵口工程。

五月十八日达成的《南京协议》规定：“下游急要复堤工程，包括险工及局部整理河槽，尽先完成，同时规划全部工程衔接推进……”“急要工程所需配合之器材及工粮，请行总、联总优先尽速供给……”“急要工程所需公款，由黄委会充分筹拨……”“关于下游河道内居民迁移救济问题……请中央从速核定办理，俾能配合堵口复堤工程之需要……”“复堤工程争取六月五日前开工……”“堵口工程继续进行，以不使下游发生水害为原则。”中共代表还提出保留意见：“大汛前打桩抛石，以不超出河底两公尺为限。”

五月二十六日，解放区开始复堤，至六月十日上堤群众达二十三万人。至月初，已开支公款八十亿元，而国民政府才拨付四十亿元。运到工地的面粉仅三百吨。

花园口门打桩造桥工程于六月二十日完工后即积极抛石平堵。六月二十六日，国民党军大举进攻中原解放区，发动全面内战。二十九日，黄河流量达四千八百立方米每秒，口门上游水面升高两米多，口门冲深到十米，次日桩倒桥断，平堵失败。

七月十八日至二十二日，在上海会商，签署《协定备忘录》，主要是请国民政府偿付解放区故道复堤的物资器械和粮款拨付等项。八月二十八日，国民党军队进攻冀鲁豫解放区，抢劫复堤物资器材，扫射在工人员，破坏复堤工作。

十一月十一日，花园口口门桥桩打通。十二月十五日通车抛石。二十日桥断，二十七日开放引河。一九四七年一月十二日，花园口口门抛石形成浅坝，上游水位抬高两米。十五日夜半黄河流量八百立方米每秒，潜坝中部被冲毁三十二米，蛰深十二米，军委会政治部部长陈诚、陆军总司令顾祝同赶来督导，亦无济于事。平堵又遭失败。

黄河花园口掘堤堵口记事碑 马健 摄

二月七日，各方在上海进行会谈，其要点是："堵口工程正被冲毁之部分可继续进行，同时加紧进行抢修下游河堤工程及抢救河床居民工作。具体合龙日期视下游抢修工程及抢救工作具体情况而定。但以不发生下游泛滥及不冲毁堵口工程为原则，合龙工程开始之前应通知中共方面取得协议，决定合龙日期。"以及拨款等事项。嗣后，国民党一方面加紧进行堵口工程，一方面派飞机轰炸复堤工地。事先未同中共方面协商，即于三月十五日立堵合龙，于是黄河归故道。

三月十五日，国民党三中全会上，蒋介石宣布国共破裂，决心大打内战。四月十四日停止了中共驻汴代表与解放区的电报联系。五月十七日黄河水利委员会奉命与中共代表断绝关系，中共代表当日离汴。

以上即花园口掘堤和堵口过程中的真相，特此立碑，以正视听。

革命英烈

LOCAL RECORDS OF HUAYUANKOU

烈士名录

姓名	性别	出生年月	籍贯	入伍年月	牺牲地点	牺牲时间	单位	职务	追认时间
李克福	男	1918.1	花园口镇刘家堤村	1948.12	江西省南昌市	1949	2野41师123团2营机炮连	战士	
朱兆德	男	1923	花园口镇张庄村	1949.11	河北省深县失踪	1952	2野12军	战士	1961.12
徐黑孩	男	1925.6	花园口镇于庄村	1948.10	朝鲜战场	1952	志愿军27军77师23团9连	战士	
张喜元	男	1938.10	花园口镇京水村	1956.7	郑棉四厂救火	1961.2	郑州国棉六厂	工人	1961

大事记

605年，隋炀帝开凿通济渠，奠定了中国大运河发展格局。

1351年，贾鲁开凿贾鲁河，沟通黄淮水系，通济渠郑州·花园口段成为贾鲁河的一部分。

1661年，郑州黄河险工开始建设。

1736年，申庄险工开始修建。

1754年，花园口将军坝开始修建。同年，花园口险工开始修建，是黄河南岸防御洪水的重要屏障。

1902年，郑州黄河险工形成体系。

1928年，郑汴河堤公路修成，自开封沿黄河大堤至六堡下堤，过京水镇（现花园口境）直达郑县北关。

1938年6月，蒋介石派兵在花园口扒开黄河大堤。

1942年，黄河水利委员会根据行政院水利委员会命令，编制黄河花园口堵口复堤工程计划，以备战后实施。

1946年3月，花园口堵口工程开工。

1947年3月，黄河堵口合龙成功。

是年，花园口堵口西侧纪念亭建成。

1948年10月，郑县解放，郑州划分郑州市和郑县，花园口辖区属郑县。

1949年9月，黄河花园口段出现14800立方米每秒的洪水，群众进行抢险防汛。

1950年1月，花园口地区的土地改革，以京水为重点，全面展开。

1951年，花园口地区第一个互助组成立。

1952年10月31日，毛泽东同志乘坐专列来到郑州，沿京广线北行到黄河南岸视察黄河，作出“要把黄河的事情办好”的重要指示，体现出国家领导人对治黄的决心，对沿黄两岸人民的关心。

1953年，花园口地区第一个初级社成立。

1954年10月，花园口辖区成立引黄淤灌工程处和工地指挥所。

1955年，开始筹备在花园口建闸引黄灌溉、放淤改土。10月，完成花园口灌区勘测设计。12月，郑州郊区花园口灌区引黄闸动工，至1956年6月竣工。该闸是郑州市最早兴建的引黄灌溉工程。

是年，黄河博物馆成立，隶属水利部黄河水利委员会，是我国第一座河流博物馆，也是最早成立的以黄河为主题的自然科技类博物馆。

1956 年 3 月，花园口灌区引黄闸第二期续建工程动工，年底竣工。5 月，淤灌第一期工程（渠首闸和淤区输水干道）基本完成。

是年，由郑州市公路局投资兴建郑花公路。

1957 年 3 月，花园口灌区引黄闸第三期扩建配套工程动工，6 月竣工，完成了灌区改建和配套工程。

1958 年 4 月，花园口村西 6 千米处的东风渠首闸开工，9 月竣工，共投资 333 万元。同年 7 月 17 日夜 23 时 30 分，花园口出现历史上罕见的特大洪峰，流量 2.23 万立方米每秒。

1959 年 12 月，郑州花园口水利枢纽（又称岗李枢纽）工程开工。

1960 年 11 月，朱德同志到花园口视察黄河。

1961 年 12 月，花园口航运站改为郑州市郊区花园口航运公社。

1962 年，由于大淤大灌大蓄的方针，致河道淤塞、排水不畅，地下水位上升，土地盐碱化面积成倍骤增，故河南省委宣布全省引黄灌区关闸停水。

1963 年 6 月，东风渠灌溉管理总局撤销，管理分局改为花园口黄河淤灌工程管理处。

1964 年 1 月，在花园口建立郊区花园口运输管理站。

是年，省委宣布重新开闸引水，试种水稻。淤灌处组织“河南省稻改示范工程”，首先在花园口大潭搞试点，试种水稻 1014 亩。

1965 年 10 月，郊区成立稻改指挥部。

是年，开挖岗花干渠，自东风渠首闸经常庄北、花园口南，至放淤干渠，长 6 千米。

1968 年，小学改为五年制，中学改为四年制（初中二年、高中二年），并在完全小学开设戴帽初中班。

1969 年 6 月，申庄虹吸工程修建。10 月，花园口人民公社成立，市革委为加强对稻改工作的领导，把老鸦陈、柳林、祭城三公社的沿黄地区，划为花园口人民公社（也称稻改公社），社址设在郑州市引黄淤灌处院内。12 月，成立花园口农技站。

是年，东大坝提灌站建成。

1970 年 9 月，石桥电灌站动工修建，主要作用是淤背固堤，1971 年 7 月竣工，1988 年 6 月拆除。

是年秋，郊区稻改指挥部改名为“花园口稻改试验小组”，地址设在大庙村。

1971 年 1 月，花园口“五七”青年农场成立。4 月，兴建花园口引黄入郑工程，7

月竣工。

1972年，花园口人民公社正式对外开放。

1973年，花园口人民公社召开第一届妇女联合会代表大会。

1974年5月，花园口人民公社在郑花公路索须河桥东南角，建立年产2000吨的合成氨厂，投资230万元，占地25亩。随之，为了配合化肥厂的施工，把公社机械厂从京水大队也搬到了大庙村地域，与化肥厂相邻。

1975年7月，以若埃尔拉科托马拉中校为团长的马尔加什共和国政府经济代表团来花园口人民公社化肥厂参观。8月，花园口公社机关迁至花园口村。

1977年9月，京水小学戴帽初中班和小学分开，成立京水联中。

1978年，党的十一届三中全会召开，实行改革开放，推行市场经济，村民开始多种经营。

1979年1月，国营郑州市黄河畜牧场成立，地址设东风渠首闸下，利用35000亩黄河滩地发展畜牧养殖业。2月，郑州市革委决定，为适应旅游业发展的需要，把花园口至邙山提灌站段黄河堤岸建成游览区。

1980年7月，邓小平同志视察黄河花园口。

1981年3月，郑州市人民政府正式将邙山提灌站定名为“郑州市黄河游览区”。

1982年8月，黄河出现1958年以来最大洪峰，花园口站实测为15300立方米每秒，这次洪水的特点是水位高（比1958年水位高0.24米），含沙量低（最高为63.4千克每立方米），流量大，持续时间长。

1983年4月，花园口人民公社改为花园口乡。6月，成立郑州市郊区黄河修防段（简称郊区修防段）。11月，花园口变电所建成，投入运行。

是年，“花粳二号”新品种获省科技成果二等奖、市科技成果一等奖，培育人出席全国科技工作先进工作者代表大会。

1984年7月，郑州黄河公路大桥动工。同年，申庄虹吸工程完成淤背任务后拆除。

是年，花园口农技站转隶至郑州市郊区稻麦区农技服务中心站，后更名为郑州市邙山区水稻中心站。

1985年，“花粳二号”荣获河南省第一届优质米评比第一名，同时在全国优质米评选中，进入国家优质米行列。

1986年10月，郑州黄河公路大桥正式通车。

1987 年 3 月，郑州市设立邙山区，花园口乡属郑州市邙山区。

1988 年 5 月，美国驻华使馆农业参赞到花园口乡西黄刘村进行考察。6 月，中央新闻纪录电影制片厂在花园口乡拍纪录片《今日花园口》。

1989 年，东大坝提灌站对泵房进行了改建。

1990 年 6 月，李鹏同志到花园口大堤视察黄河防汛情况。9 月，花园口乡承担的星火计划优质米商品基地开发项目通过省级鉴定。11 月，郑州市郊区黄河修防段更名为郑州市邙山金水区黄河河务局（简称邙金河务局）。

1991 年 2 月，江泽民同志视察花园口黄河防汛工程。6 月，花园口八卦亭被确定为郑州市中小学德育基地。是月，由毛庄、花园口、古荥 3 个乡承担的东风干渠上段修复工程完工，渠长 2850 米，共完成土方 2.5 万立方米。

1992 年 2 月，花园口乡大庙村获“五公开”示范村。

1993 年 3 月，郑州市全部放开粮食购销市场，从而结束了粮油领域长达 40 余年的统购统销历史。

1994 年 8 月，省、市领导及全国各有关汽车厂商到花园口乡出席郑州市汽车交易中心奠基仪式。11 月，京水中学、大庙中学、花园口中学分别更名为邙山区第六初级中学、邙山区第七初级中学、邙山区第八初级中学。

1995 年 8 月，邙山区第八初级中学（原花园口中学）撤销，并入邙山区第七初级中学，原邙山区第七中校舍归大庙小学使用。

1996 年 3 月，花园口乡党委、乡人民政府及所属机构办公地址由花园口村搬迁至花园路和金桥路交汇处西黄刘村。

1997 年 6 月，中央新闻单位采访团到花园口乡八堡村、西黄刘村采访“村务公开、民主管理”工作。

是年，黄河花园口旅游区经郑州市旅游局批准成立。

1998 年 3 月，花园口乡举行撤乡换镇典礼，花园口乡人民政府改为花园口镇人民政府。

1999 年 2 月，花园口镇承办首届民间艺术节，各乡、镇 57 个民间文艺团体参加会演。6 月，江泽民同志到花园口镇视察黄河防汛工作。9 月，邙山区第一批乡镇青年科技图书站——花园口镇青年科技图书站建立。

2000 年 5 月，全国小麦专家组成员参观了花园口镇石桥村、申庄村黄河滩区万亩优质小麦基地和金地粮油食品有限公司面粉生产线。6 月，中央电视台《今日说法》记者到花园口镇采访。

2001年5月，邙山区启建花园式新村动员大会在花园口黄河生态旅游区会议厅召开。6月，京（水）黄（庄）公路107国道至八堡5.6千米路段竣工通车。

2002年6月，黄河第一个“数字化”水文站——花园口水文站新站投入使用。7月，朱镕基同志前往郑州北郊的花园口，考察了花园口黄河大堤、花园口“数字化”水文站。是月，黄河首次调水调沙正式开始，控制花园口流量2600立方米每秒，历时10天左右。黄河调水调沙是迄今为止世界水利史上最大的一次人工实验，其范围包括从河南小浪底水库到山东黄河入海口的近千公里河段。

是年，大运河被纳入“南水北调”三线工程之一，成为中国南水北调东线工程的重要环节和通道。

2003年8月，花园口黄河生态旅游区被批准为河南省旅游景区（点），并颁发了旅游景区（点）业务经营许可证书。

2004年1月，温家宝同志到花园口镇大庙村调研。2月，花园口镇的常庄、李西河划归新城路办事处。5月，邙山区花园口镇改为惠济区花园口镇，辖区学校也随之更名。9月，郑州市邙山金水区黄河河务局更名为郑州黄河河务局惠金黄河河务局。12月，花园口大米通过农业部农产品质量安全中心认证。

是年，花园口事件记事广场建成。郑州黄河堤防标准化堤防建设完成。

2006年12月，国家重点工程郑州市黄河公路四桥奠基仪式在花园口镇进行。是月，黄河花园口旅游区顺利通过国家AAA级旅游景区审核验收。

是年，花园口镇召开第一届职工代表大会。

2007年5月，胡锦涛同志来到花园口黄河堤防标准化工程所在地，实地考察黄河的综合治理情况。6月，投入资金310万元，在京水村新建花园口镇卫生院，承担着辖区居民的基本医疗保健工作。7月，郑新黄河大桥开工建设。8月，马头岗污水处理厂工程全面完工。

是年，东大坝引黄闸建成。

2008年，蛋雕、花园口剪纸被列入郑州市市级非物质文化遗产名录。

是年，郑州黄河国家湿地公园经国家林业局批复同意建立，是河南省首家国家湿地公园试点。

2009年4月，郑州市重点工程花园口互通式立交桥开始启动，占用花园口镇大庙村土地 111.4 亩。6 月，花园口互通式立交桥开工建设。

2010 年 9 月，郑新黄河大桥举行通车仪式。10 月，花园口互通式立交桥全线通车，解决了郑州黄河公路大桥南出口的拥堵状况。

2012 年 4 月，花园口镇在镇机关大礼堂召开合村并城动员会。9 月，黄河博物馆新馆在花园口镇大庙村建成并对社会开放。12 月，京广高铁开通，郑新黄河大桥铁路部分通车。是月，河韵碑林竣工。

是年，引进省重点项目——中部两岸水产海鲜果蔬物流园，在大庙村张庄自然村西北兴建。第一期总投资 7 个亿，总建筑面积 40 万平方米，于 2015 年 8 月 30 日投入运营。

2014 年 1 月，花园口镇合村并城安置区项目举行奠基仪式。4 月，花园口镇中部两岸水产海鲜果蔬物流园项目正式奠基。6 月，中国大运河文化遗产项目成功入选《世界遗产名录》。7 月，组建老友足球俱乐部。

2015 年 8 月，省重点项目——中部两岸水产海鲜果蔬物流园正式投入运营。9 月，花园口引黄闸拆除重建。10 月，郑州黄河国家湿地公园通过国家林业局的检查验收。

2016 年 2 月，郑州黄河国家湿地公园正式挂牌。3 月，S312 沿黄快速通道项目惠济区段正式通车。

2017 年 12 月，四环线及大河路快速化工程开工建设。

2018 年 2 月，花园口镇第二十届民间艺术节暨“好媳妇、好婆婆、和睦家庭”表彰活动隆重开幕。6 月，花园口镇召开庆祝中国共产党建党 97 周年暨“七一”表彰大会。7 月，惠花新城京水东苑、京水西苑、大庙苑共计 2240 套安置房分配完成。8 月，花园口镇在镇政府二楼会议室召开高考优秀学生座谈会。

是年，花园口镇先后投资 6000 余万元，实施美丽乡村项目。

2019 年 1 月，花园口镇组织开展“迎新春送温暖暨党群服务中心揭牌仪式”主题活动。8 月，花园口村花溪路污水泵站建成投入使用。9 月 17 日下午，习近平总书记专程到黄河博物馆参观考察，次日在郑州主持召开黄河流域生态保护和高质量发展座谈会，对保护、传承、弘扬黄河文化作出了重要指示，并发出“让黄河成为造福人民的幸福河”的伟大号召。12 月，建成京广高铁游园。

2020 年 4 月，建成迎宾园、安谐园。是月，S312 郑州境改建工程开工。6 月，四环线及大河路快速化工程高架通车。

是年，花园口镇启动村户天然气基础设施建设工程。同年，花园口镇建成镇级综合文化站 1 座，含乒乓球室、瑜伽室、书法室、健身室、心理疏导室等功能室，并高标准建成 2 个城市书屋（大庙村、花园口村郑品书社）。

2021 年 4 月，四环线及大河路快速化工程地面道路全线通车。5 月，S312 郑州境改建工程全线通车。是月，建成南月堤小游园。

2022 年 5 月，召开基层党建质量提升三年行动计划工作推进会暨村（社区）“五星”支部创建安排部署会，按照创建措施，逐星对照，动员全镇各级党组织和广大党员凝心聚力、加压奋进，进一步推动乡村振兴战略实施、提升基层治理水平。

口述史

LOCAL RECORDS OF HUAYUANKOU

黄河花园口掘堤经过

陈慰儒

1938 年 5 月，日寇由鲁西过河到黄河南岸向菏泽、考城、兰封节节进逼，开封形势十分紧张，国民党军政人员惶惶不安，各机关首脑每天晚上齐集省府，探听黄河北岸敌人的动静及豫东战事情况。这时蒋介石亦来到郑州，调程潜任第一战区司令长官兼河南省主席，初程潜对豫东战事还很乐观，他说："过河进犯的日寇只有一个师团，一万多人，而我们在兰、郑一带布防的有中央直系部队薛岳和某某等部二十余万人，吃也能把敌人吃掉。"但是在敌军攻陷菏泽以后没有几天蒋军就抵抗不住，纷纷向西溃退，兰封、考城相继沦陷，开封人心大乱，省直机关连夜向南转移，黄委会留守开封人员亦均迁避汉口，但程潜却派建设厅长龚浩通知我不要走，目的是让我利用北岸河工组织与河工电话专线，每天早晚向他汇报日寇行动，故我未曾离开。

5 月 31 日夜，日寇逼近开封郊区，程潜忽以电话通知我撤退，并约定次日（6 月 1 日）到郑州第一战区长官部见他。我同黄委会总务处长朱庸，于 6 月 1 日上午沿堤至郑州。程潜对我说："蒋委员长命令掘开黄河大堤(赵口)，放水阻挡日寇。"我说："5 月晒河底，现在正是河南枯水季节，就是掘开大堤，流量少，水流分散，也阻挡不了敌人。"程潜深思后说："好吧，等转报蒋委员长以后再作决定。"次日，程又传见我们，传达蒋介石意见：只要敌人知道黄河大堤开了口，就不敢前进，水小也要掘，并令即派河兵动手。我说："河兵都是两岸农民，他们世代守堤是不会动手掘堤的。"程潜说："那么我派军队去掘。"于是程潜的参谋长宴勋甫约我和朱庸到长官部参谋处面商掘堤事宜，当即议定在中牟赵口掘堤，晏勋甫派工兵科长王和甫带兵当天赶到工地。6 月 3 日早晨，苏冠军(修防段长）赶到赵口时，王和甫领导蒋军官兵按照朱庸所绘草图正在掘堤，从 6 月 3 日黎明至 6 月 5 日早晨已将大堤掘开。只是掘口太窄，流了两个钟头，又被冲塌的堤身沙土堵住，这时日寇已侵陷开封，大炮弹已射过口门以西，形势极为紧张，堵住的掘口经蒋军日夜清除，6 日上午复被掘开，但随掘随堵，水流不畅。其时，程潜已赶往洛阳办公，商震留守郑州，花园口驻军师长蒋在珍曾亲到赵口工地查看。

6 月 5 日下午，当我和朱庸等到郑州向商震报告协助清除口门经过时，商震说："现在蒋师长建议在花园口掘堤，等我向蒋委员长先汇报一下，你们等一下再走。"商震以长

历史照片——扒口后被淹的村庄　花园口镇政府供图

途电话向蒋介石报告花园口驻军师长蒋在珍自告奋勇在花园口掘堤的时候，蒋介石立表赞同，并命令商震通知蒋在珍连夜进行。商震即派其参谋处长陶某，前往京水镇蒋在珍师部传达蒋介石的命令。我同陶某到京水镇（今花园口镇京水村）传达命令后，立即返回，当夜离郑赴汉。

（选自《郑州文史资料》第二辑）

小康花园口

口述：冯桂琴

整理：李瑞玲

一个时代的缩影，承载着亿万几代人深深的记忆，它将永远铭刻在中国历史的画卷中。

我叫冯桂琴，今年 69 岁，中共党员，是花园口小学的一名退休教师，我生在花园口，长在花园口，见证了花园口的世事变迁。

20 世纪 60 年代的花园口村，老百姓住的是人字形的茅草房，光线特别暗，若在风雨交加的日子里，墙上的泥土会倔强地往下冲，顶上的茅草随时都有被掀翻的可能。老百姓的饮食以高粱、红薯、谷子等粗粮为主。当时的娱乐也只是在有月亮的晚上，在泥土路上“抓小鸡”“偷白菜”。老百姓穿的是粗布衣，就这也只有一件，往往是衣服脏了晚上洗白天穿，大的穿过小的穿。出行在儿时记忆中，只有泥泞的道路，两条腿的步行。当时上班的人，在寒冬腊月，早上天不明顶着暴风雪要赶到上班地点，衣服鞋子全湿透，也没有替换的，只能靠体温把衣服鞋子慢慢儿暖干，然后晚上再摸黑回家。

作为一名退休教师，想起当时的教育环境，只有心酸。由于教室紧缺，有时一个教室会安排几个年级，上课时老师先教低年级的课程，高年级的先复习做作业，等教完了低年级的课程，回过头来再教高年级的课程。当时的教师上课仅凭一根粉笔，一块黑板，一本书，一个老师既教语文数学又教音乐美术，就这教师资源也赶不上人口发展的需要，还需要聘用很多民办教师。刚上学的孩子，背上妈妈用碎布缝制的花书包，拿着从家搬来的凳子，趴到用水泥或土坯垒起来的课桌上，孩子们的袖子早早儿都被磨破了。冬天，好一点儿的学校教室里会有个炉子，大部分是没有的，孩子们的小手冻得红彤彤的，冻裂的口子一道一道的，渗着血丝。小学毕业、初中毕业辍学的学生比比皆是。

21 世纪的今天，老百姓们住的是一排排整齐的楼房，环境优美，功能室齐全，有党建活动室、棋牌室、娱乐室及各项健身器材等。在花园口老街上，有中高低档饭店，有面包房、水果摊，还有各种各样的街边美食供百姓尽情享受。现在的出行也特别方便，柏油马路平坦宽阔，私家车家家都有，且档次越来越高。即使出门不开私家车，家门口还有多路公交车可以选择，196 路、32 路、夜班车 Y11 路，交替运行，每隔几分钟一趟，出门办事特别便捷。物质生活富裕了，精神生活也不能匮乏。每年在花园口村干部的带领下，花园口村开展了一系列的爱国主义教育活动，如清明节缅怀英烈、向英烈致敬活动，建党节举行爱党颂党跟党走活动，重阳节举办孝老敬亲表彰活动等。

生活条件好了，教育环境也发生了天翻地覆的变化，低矮的教室变得宽敞明亮，现代化的班班通，希沃白板，崭新的课桌椅，教室前后各有一台冷暖空调，夏能制冷，冬能取暖，一张张小脸在四季如春的教室中焕发出别样的光彩。2021 年的重阳节，我所退休的学校邀请我去学校座谈，进入学校，我被眼前的景色深深吸引，校门口的假山下面是水池，微风吹来，水面泛起一条条波纹，水池旁边是小花，几只小飞虫在花丛中飞来飞去，一边唱着歌，一边嬉戏；草坪里，玉兰花无声地绽放，在温暖阳光的映衬下，雪白的花瓣更显得灿烂，泛着阵阵柔和的光晕；操场中间有一块绿色的草坪，同学们三五成群地到草坪上读书、玩耍，那琅琅的读书声，常常吸引着操场外面的行人驻足观看；

操场四周有许多体育器械，每到课余活动时间，小学生有的攀云梯，有的踢足球，有的翻双杠，玩得不亦乐乎。

恍惚间，下课的铃声响起，瞬间打破了校园的寂静，立刻，另一幅崭新的画面呈现在眼前，课堂上严肃的老师，变得和蔼可亲，以朋友的形式与小学生谈笑风生；走廊上，同学们在校园中呼吸着清新的空气；坦荡如砥的操场上，同学们大显身手，正一步一步地向着自己的目标前进。

茶余饭后，时常听到老百姓说的一句话是：我们享住共产党的福喽！

美丽乡村南月堤

口述：王保群

整理：王敬一

我叫王保群，1953 年出生于南月堤村，1977 年加入中国共产党。在中国共产党的领导下，我见证了南月堤村从贫穷落后到美丽乡村的巨大变化。

在六七十年代，因为精粮产量不高，我们的口粮以粗粮为主，大米、白面只有过年时才能吃到，更缺少肉蛋奶等副食。为了丰富食物来源，我们在生产队分的小片自留地上种南瓜、茄子等蔬菜，房前屋后也多栽榆树、槐树，春天时榆钱、槐花也成了村民们的口粮。老百姓穿的是自家做的粗布衣，过年时把布衫、棉袄的里面翻到外面就算新衣服了。“新三年，旧三年，缝缝补补又三年”的老话是当时的真实写照。村民们住的大多是土坯、泥巴垛成墙的草房。整个村庄的建设也没有规划，由村民自选地方建设住房。村里到处都是高低不平、一下雨就有水有泥的“水泥路”。生活垃圾、农余垃圾就堆放在房屋附近沤制肥料。

1980 年，我从部队退役，结束了 8 年的军旅生涯，自愿回到南月堤村。当时的南月堤村与我参军入伍时相比，大家的生活有了一定改善，比较突出的是村民们盖的瓦房大约占到了全村住房的 1/3。更明显的变化出现在 1983 年南月堤村实施家庭联产承包责任制之后，在改革开放和党的政策支持下，村民们大力发展农业生产，同时随着国家种业的发展和种子的改良，秋水稻亩产从 500 斤上升至高达千斤，夏麦亩产从 400 ~ 500 斤上升至千斤以上。粮食产量提高了，大家也有机会从事其他副业，收入增加，纷纷盖起了瓦房、平房、楼房，也可以到市场上买到各种食品、衣服、生活用品，实现了曾经“吃饱穿暖”的梦想。大家从推着独轮车、平板车干农活，发展到开起了拖拉机、摩托车，后来不少家庭还买了汽车。

2010年开始，南月堤村进行了旧村改造，整个村容村貌可以说是来了一个飞跃式的变化。家家户户住进了联排三层小别墅，宽敞明亮、美观大方。360平方米的房子里，客厅、卧室、厨房、卫生间、车库一应俱全，自来水、电线管路安装到位，生活污水直接通过下水管道排进村里的污水处理站，生活垃圾可以送到村里的集中收集处，每天都有环卫车来及时清理，村民们也过上了城里人的生活。村里不再只有榆树、槐树，也栽了玉兰、樱花、海棠等多种观光树木，南边还修起了小游园，配备了休息椅、垃圾箱和公厕，已成为村民们茶余饭后休闲娱乐的好去处。小时候经常出现的黄沙漫天变成了现在的蓝天白云、鸟语花香，大家都在感叹村里的环境越来越好了。足球场、篮球场、网球场也都建了起来，曾经的串门、“去地”（干农活）变成了现在的健身锻炼，村民们的生活方式更加健康。村里平时会组织各种各样的党群活动，逢年过节还会组织有才艺的村民们办演出，大家一起参与，乡里乡亲的关系更加和睦热络。每年，村委会还会组织我们这些65岁以上的老人免费体检，有时候是医生下村，有时候是带我们一起到医院去，非常关心我们的健康。生活好了，身体好了，我也有机会发展自己的书法和诗词爱好，家里挂的家训，还有这些诗词，很多是我自己创作和书写的。新闻报道里的美丽乡村建设在我们南月堤变成了现实。

申庄村的过去和今天

口述：申景玉

整理：杨振业

我叫申景玉，生于1951年2月，申庄村是我的家乡，我在这儿生活了70年，对于申庄村的变化历历在目。

从我记事开始，申庄村就是个比较破旧的村庄，北临黄河大堤，黄河水渗到堤外，在村里形成盐碱卤地，种庄稼比较困难。紧挨村南有一条淤灌河，常年积水，百姓行走很不方便。1969 年花园口人民公社成立。1975 年，我到人民公社参加工作，成为一名干部。公社成立之日，召开了万人誓师大会，要求我们干部要充分发扬一不怕苦、二不怕死的革命精神，身先士卒，带头进行兵团大作战。我也怀着改造申庄村村容村貌的豪情壮志，在第二年冬闲季节，带领申庄村群众参加兵团大作战，平整申庄村土地、开挖渠道、治理村里的盐碱地，申庄村的土地面貌也得以改善。1976 年，花园口人民公社在申庄村开展鱼塘养殖试点。为了加快鱼塘养殖试点落地，我和干部们带领群众，到申庄村淤灌地一起挖鱼塘坑。那个时候还没有胶鞋，在场的干部们都二话不说，“扑通”一声跳进淤泥地里，在零度以下的天气里赤着脚干活。因为天气寒冷，有些人的脚甚至冻伤留下了后遗症。在大家的共同努力下，鱼塘养殖很快就在申庄村落地，并且帮助群众致富增收。

改革开放之后，我回到了申庄村担任村长。回到家乡之后，我经常思考，作为村干部要切实为百姓做实事，让他们的生活越过越好。怀着一颗为人民服务的心，我带着村干部做了不少工作。当时申庄村人均收入不高，村民基本以种地为生，贫困户仍然不少。为了解决村集体增收问题，我带领村干部到外地考察观摩，最终决定办养殖场壮大集体经济。经济发展了，但申庄的村容村貌仍然比较落后，那个时候的申庄村有不少木制电线杆，电线杂乱存在安全隐患。为了保障村民的用电安全，我带领村干部集中开展电线整治，把木制电线杆都换成了新的，电线也重新整理。此外，我发现申庄村的孩子们上学很不方便，家门口没有学校只能跑到其他地方上学，因此我号召村干部与百姓筹集资金 40 余万元，用这笔钱对接设计和建筑施工公司，在 1992 年盖起了申庄村小学，学校盖起来之后孩子们上学方便了，教育质量也有了保障。作为村长，我不仅重视教育工作，同时也很重视维护治安和化解纠纷。在我担任村长期间，村里干部每天晚上都要骑着自行车、打着手电筒，在村里巡视。有一天我在黄河大堤上巡视，突然看到有人在偷砍堤上的防风树，我大喝一声“干什么呢！”，对方立刻站住不敢动了。等到其他村干部赶过来之后，我们把他控制住送到派出所，事后干部和群众都冲我竖大拇指。村民有矛盾了，治保主任和干部们就一起到他们家里进行调解，用干部的智慧将矛盾纠纷化解在村民家中。在那个时候，虽然干部们做工作的条件比较艰苦，但怀揣着一颗为村民做实事的心，很多工作也都干得有声有色。

退休之后，我仍然很关心申庄村的发展，每天都去村委会看看。在镇党委的领导下，2011 年申庄村开启了拆迁工作。很快的，一栋又一栋的崭新二层别墅就在原址上盖了起来，村里的道路也进行了修缮，村容村貌发生了飞跃式的变化。同时，干部们的工作也做得更好更用心了。现在的村干部仍然坚持夜查，维护村里治安。群众有矛盾纠纷了，干部们会邀请他们去村委会里坐一坐，在民意调解员的帮助下化解矛盾纠纷。干部们更加关心百姓幸福，每年都会组织 60 岁以上老人免费体检、重阳节老年人慰问等活动，在群众文化娱乐上面也更用心，建立游乐广场方便老年票友唱戏、跳广场舞，而且还会在村委会定期组织放电影，大家看得津津有味。针对我们这些退休干部，村委干部会定期组织“书记讲党课”活动，通过微信群将最新的党的知识与政策精神传达给我们，让我们也能一起学习。可以说，现在的申庄村干部们更有战斗力，更有凝聚力，也更得人心了。

作为一名退休干部，回顾申庄村过去的发展，我由衷地感受到我们的党是一个伟大光荣的党，是为全国人民谋幸福的党。作为干部，我们要时刻牢记为人民服务，用自己的力量为百姓做实事。

大爷的抗日传奇

口述：朱广健

整理：李瑞玲

我老家在郑州北郊的花园口镇，一个名为京水的大村。

父亲的哥哥，在我老家一带不称“伯父”，而称“大爷”。

大爷出生于 1923 年 3 月，因是朱元璋第五子朱橚后人“恪”字辈，爷爷便为大爷取名朱恪仁，小名喜顺。

1941 年 10 月，日军入侵郑州后，大爷曾加入“岳狗头”抗日游击队，并参与策划夺取了日军枪支。有一天，一股日军窜入京水村，好多乡亲们吓得躲的躲，逃的逃。但我大爷迅速爬上村边的寨墙，趴在一个掩身处举起枪对着日本鬼子就是一梭子，等日军发现掉头后，他已跑得无影无踪了。还有一次，日军从京水东边的中牟渡过黄河后，没到京水村边，便被大爷发现，他立即跑到村头国军的驻地报告。国军随即调集一个连的兵力与日军展开激烈战斗，但经不住日军的重机枪和大炮，国军一连人死伤大半，但最终还是把日军打退了。大爷没受伤，逃回家时竟穿了一件在战场上捡的日军军装，还告诉乡亲们“总算把老日打跑了”。村民说：“喜顺你真胆大，还敢穿日本军装，不怕老日抓？”从此大爷便有了“朱大胆”的外号。

没过几天，日军特务酒井亲自带人将在地里干活的大爷抓走，并当场给戴上手铐、脚镣，徒步押至酒井特务队的监牢里（今郑州北大街清真寺）。在监牢里，日军严刑拷打，想得知大爷是受谁指派打日军的。大爷大义凛然，受尽折磨，宁死不屈，始终就一句话“是老天爷派我来的”。

1948 年 10 月 22 日，郑县解放。令家人十分惊喜的是，有一天早上，大爷戎装还乡，穿的是中国人民解放军军装，身后通讯员进入京水村后，逢人就说：“这是解放军连长朱恪仁。”

多年下落不明、生死不知的朱恪仁竟这样荣归故里，让爷爷、奶奶喜极而泣，把许多邻居乡亲也惊得目瞪口呆。

原来，1945 年 8 月 15 日，日本宣布无条件投降后，日军仓皇逃跑，监狱无人看管，大爷便冲出牢笼，砸开手铐、脚镣，获得自由。

不久，地下党介绍他加入了中国人民解放军。大爷作战勇猛，敢打敢冲，先后任区干队队长、县大队大队长。县大队后改编为河南军区独立连后，他任独立连连长。

因长期行军打仗，大爷积劳成疾，于 1965 年 6 月因病在京水去世，终年 43 岁。

参考文献

[1] 郑州市地方史志编纂委员会 . 郑州市志（第 4 分册）. 郑州：中州古籍出版社，1999.

[2] 郑州市地方史志编纂委员会 . 郑州市志（1991—2000）. 郑州：中州古籍出版社，2009.

[3] 邙山区地方史志编纂委员会 . 邙山区志 . 郑州：中州古籍出版社，1994.

[4] 郑州市惠济区地方史志编纂委员会 . 郑州市邙山区志 . 郑州：中州古籍出版社，2014.

[5] 任伟 . 世界文化遗产——中国大运河通济渠郑州段 . 北京：科学出版社，2016.

[6] 梁国强，宋余三 . 魅力惠济 . 北京：中国广播电视出版社，2005.

[7] 中共河南省委宣传部，中共河南省委党史研究室 . 简明河南党史 . 郑州：河南人民出版社，2020.

[8] 河南黄河河务局 . 大河安澜——河南黄河治理开发七十年 . 郑州：黄河水利出版社，2016.

[9] 郑州黄河河务局 . 郑州黄河志（1948—2015）. 郑州：黄河水利出版社，2018.

[10] 惠济区地方史志办公室 . 惠济年鉴 2016. 郑州：中州古籍出版社，2017.

[11] 惠济区地方史志办公室 . 惠济年鉴 2017. 郑州：中州古籍出版社，2017.

[12] 惠济区地方史志办公室 . 惠济年鉴 2018. 郑州：中州古籍出版社，2018.

[13] 惠济区地方史志办公室 . 惠济年鉴 2019. 郑州：中州古籍出版社，2019.

[14] 惠济区地方史志办公室 . 惠济年鉴 2020. 郑州：中州古籍出版社，2020.

[15] 郑州市地方史志办公室 . 郑州大辞典 . 郑州：中州古籍出版社，2002.

华灯初上的黄河桥　曹清林 摄

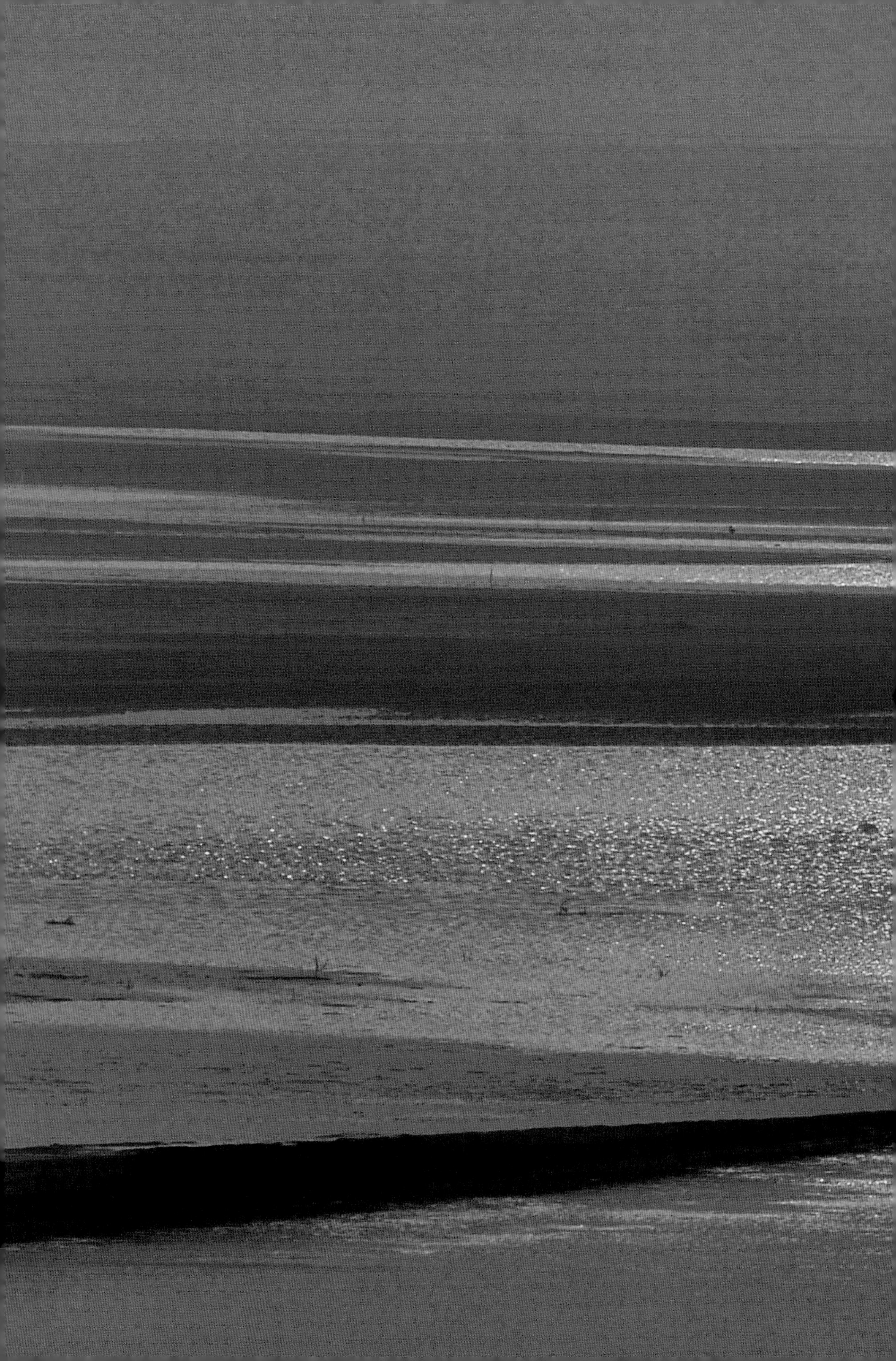

白鹭夕阳情 赵宗英 摄

祥云湖日出 曹清林 摄

自由翱翔　曹清林 摄

编纂始末

根据《全国地方志事业发展规划纲要（2015—2020）》和《郑州市名镇志、名村志、名街志文化工程实施方案》要求，更好地服务郑州国家中心城市建设，2020年11月，惠济区地方史志办公室牵头，花园口镇党委、政府高度重视，成立以耿宇辉为主任，方倩、袁玉强为副主任，陈永军、申照亮、赵建松、李妮妮、徐玲玲、李静为委员的编纂委员会，由李瑞玲、王令晖等组成的编写小组，由马健、曹清林、李新华、朱广健组成的摄影小组。

我们按照市、区地方史志办的要求和指导，按照历史文化名镇的规范编写《花园口镇志》，要求突出花园口镇的历史文化底蕴，同时抢抓黄河流域生态保护和高质量发展战略，以合村并城项目为抓手，以S312道路和沿黄生态廊道建设为契机，结合当前滨河生态健康镇建设的主题，以此来呈现花园口镇辉煌的历史文化风貌。

2020年11月，《花园口镇志》编纂委员会按照初步目录进行整理、编写、修改，12月初，对目录进行了调整，后又对内容进行了丰富，完成了初稿。2021年3月，编委会对编辑人员进行了调整优化，对内容又进行了修改提升。4月以来，多次得到郑州市地方史志办和惠济区地方史志办公室的指导，精简提炼内容。8月中旬，排版制作样书，并报送区地方史志办。经过领导专家的评审，编写组成员及时汇总修改意见，并多次认真细致地修改校对，力求《花园口镇志》成为郑州市名镇志文化工程的精品。

《花园口镇志》的编纂得到了市、区地方史志办和镇党委、政府的高度重视，也得到了社会各界的大力支持，在此，特别感谢惠济区档案局、惠济区委宣传部、惠济区文化旅游局、郑州市黄河生态旅游风景区管理委员会、黄河水利委员会花园口水文站、郑州河务局惠金河务局等单位的大力协助！

因本书中所选照片及文章众多，部分作品未能在出版前及时联系到著作权人，请著作权人看到后与我们联系，我们将奉上稿酬。

因编者水平有限，加之时间仓促，其错误和遗漏的地方在所难免，敬请社会各界人士和专家学者批评指正。

《花园口镇志》编纂委员会

2022年11月